Mäzene für Wissenschaft

hg. von Ekkehard Nümann

Gefördert von Mathias Bach

Den Familien gewidmet, die durch ihre hochherzigen Stiftungen vor 112 Jahren die Gründung der Hamburgischen Wissenschaftlichen Stiftung ermöglicht und den Grundstein dafür gelegt haben, dass die Stiftung auch heute noch Forschung, Lehre und Bildung fördern kann.

Die Begründer der Hamburgischen Wissenschaftlichen Stiftung

Hamburgische Wissenschaftliche Stiftung
gegründet 1907

Inhalt

Vorwort des Herausgebers

Im Jahr 2007 feierte die Hamburgische Wissenschaftliche Stiftung ihr 100-jähriges Jubiläum. Die hier vorliegende dritte, komplett überarbeitete und ergänzte Auflage des ersten Bandes ist der „Basisband" der zu diesem Anlass ins Leben gerufenen Schriftenreihe „Mäzene für Wissenschaft". In ihr wird die Geschichte der Stiftung dargestellt; außerdem werden Stifterpersönlichkeiten und Kuratoriumsmitglieder in Einzelbänden gewürdigt.

Die Hamburgische Wissenschaftliche Stiftung war der erste große Brückenschlag zwischen Kaufmannschaft und Wissenschaft in Hamburg. In den Kurzbiographien dieses „Basisbandes" werden die Menschen erlebbar, die ihn realisierten. So wird deutlich, wie sich Hamburgerinnen und Hamburger zu Beginn des 20. Jahrhunderts für ihre Stadt engagierten.

Die Absicht, diese Schriften herauszugeben, entspricht dem dankbaren Gefühl den Personen gegenüber, die vor mehr als 100 Jahren den Mut hatten, die Stiftung zur Förderung der Wissenschaften in Hamburg zu gründen und erreichten, dass Hamburg eine Universität erhielt. Verknüpft damit ist die Hoffnung und Erwartung, dass nachfolgende Generationen sich hieran ein Beispiel nehmen mögen.

Dieser Hoffnung hat Herr Mathias Bach in hochherziger Weise entsprochen, wofür wir ihm zu großem Dank verpflichtet sind.

Dr. Ekkehard Nümann

Grusswort des Ersten Bürgermeisters der Freien und Hansestadt Hamburg

Wissen und Wissenschaft sind die entscheidenden Dimensionen der Zukunftsmetropole Hamburg. Mit exzellenter Grundlagenforschung, angewandter Wissenschaft und moderner Lehre entwickelt sich die Hansestadt zu einem bedeutenden Wissenschaftsstandort im Norden. Mehr als 100.000 Studierende sind an den 19 Hamburger Hochschulen eingeschrieben.

Dieser Erfolg wird auch von vielen Hamburgerinnen und Hamburgern getragen, die sich in besonderer Weise für Forschung, Wissenschaft und Lehre in unserer Stadt engagieren. Das Fundamt für das Zusammenspiel von staatlichem Handeln und bürgerlichem Engagement wurde bereits vor über 100 Jahren gelegt. Hamburgs Senator und späterer Bürgermeister Dr. Werner von Melle rief 1907 die Hamburgische Wissenschaftliche Stiftung ins Leben, die Keimzelle der 1919 gegründeten Universität Hamburg.

Die Schriftenreihe „Mäzene für Wissenschaft" gibt Einblicke in das Leben der Begründer und Hauptförderer der Hamburgischen Wissenschaftlichen Stiftung. Zum 100-jährigen Jubiläum der Universität Hamburg wurde der vorliegende Basisband um die 46 Biographien jener Stifterinnen und Stifter erweitert, die sich vor allem in der Gründungsphase der Universität für die Wissenschaft in unserer Stadt engagiert haben.

Bis heute fördert die Hamburgische Wissenschaftliche Stiftung besondere Forschungsprojekte und Nachwuchstalente. Sie ist ein wichtiger Grundpfeiler für die Wissenschaft in Hamburg.

Im Namen des Senats der Freien und Hansestadt Hamburg danke ich allen, die sich für die Hamburgische Wissenschaftliche Stiftung und ihre Ziele einsetzen. Ich wünsche Ihnen viel Freude bei der Lektüre des vorliegenden Basisbandes „Mäzene für Wissenschaft" und weiterhin viel Erfolg bei Ihrem Einsatz für die Wissenschaft in unserer Stadt.

Dr. Peter Tschentscher
Erster Bürgermeister der Freien und Hansestadt Hamburg

„Umschlagplatz Wissen“ – das 1907 von Edmund Siemers gestiftete Vorlesungsgebäude

Aktuelle Vergangenheit

Rückblick

Die hier vorgelegte Schrift – „Basisband" der Reihe „Mäzene für Wissenschaft" – gedenkt all jener Personen, die sich mit Engagement und bedeutenden Geldern an der Gründung der Hamburgischen Wissenschaftlichen Stiftung beteiligt oder sie in ersten Jahren gefördert haben.[1]

Die erste Sitzung des Kuratoriums der frisch gegründeten Hamburgischen Wissenschaftlichen Stiftung am 16. April 1907 im Phönixsaal des Hamburger Rathauses ist auf einem Bild des Hamburger Malers Henry Ludwig Geertz festgehalten (siehe S. 134/135). Es zeigt im Stil eines Gruppenbildes eine Reihe der Persönlichkeiten, denen in dieser Publikation ein kleines Denkmal gesetzt werden soll: Man erkennt den Senator Werner von Melle, auf dessen Engagement die Stiftung zurückzuführen ist, und den Kaufmann Edmund Siemers, der noch im Juli des Gründungsjahres das Gebäude für das Allgemeine Vorlesungswesen an der später nach ihm benannten Allee am Dammtor stiftete. Das Gemälde hing jahrelang im Sitzungszimmer der Hamburgischen Wissenschaftlichen Stiftung auf der Ostseite des Vorlesungsgebäudes, wurde jedoch leider im Zweiten Weltkrieg zerstört. Inzwischen wurde es durch den Kupferstich „Der Senat von Hamburg, 1897" von Hugo Vogel ersetzt. Dieses Bild befindet sich seit 2007 in der neuen Geschäftsstelle der Stiftung auf der Westseite des Gebäudes und ist eine großzügige Schenkung des langjährigen Vorsitzenden der Justus Brinckmann Gesellschaft, Peter Voss-Andreae.

Ein anderes, im Aufbau dem Geertz-Gemälde ähnelndes Gruppenbild, das 1906 von Max Liebermann vollendet wurde, gilt dem Hamburgischen Professorenkonvent (siehe S. 12/13). Er bestand aus den Gelehrten, welche die Hamburger Staatsinstitute leiteten und nach der Schließung des Akademischen Gymnasiums im Jahre 1883 verpflichtet waren, die öffentlichen Vorlesungen fortzuführen, die als Allgemeines Vorlesungswesen in Hamburg großen Zulauf hatten.

Das Gemälde zeigt (von links nach rechts) den damaligen Direktor der Stadtbibliothek Robert Münzel, August Voller vom Physikalischen Staatslaboratorium, Karl Kraepelin als Direktor des Naturhistorischen Museums und Leiter des Zoologischen Staatsinstituts. Am Tische vorn links sitzt Max Dennstedt vom Chemischen Staatslaboratorium, dahinter, stehend, der Direktor des Museums für Völkerkunde Georg Thilenius. Neben diesem sitzt der Direktor der

Hamburger Sternwarte Richard Schorr, der damals noch am Millerntor residierte, aber gerade einen von der Hamburgischen Bürgerschaft bewilligten Neubau in Bergedorf errichtet bekam. Vor ihm sitzend der Historiker Adolf Wohlwill, ein führendes Mitglied im Verein für Hamburgische Geschichte, der die Gründung und die Errichtung des entsprechenden Museums mit dem stadtbildprägenden Schumacherbau am Holstenwall vorantrieb; neben ihm der Direktor des Botanischen Gartens Eduard Zacharias und ganz rechts mit eindrucksvollem Rauschebart Justus Brinckmann als Direktor des Museums für Kunst und Gewerbe am Steintorplatz.

Das Bild befindet sich schon wegen seiner Dimensionen meistens im Magazin der Kunsthalle. Es wird durch eine Serie von Skizzen ergänzt, welche die Köpfe einzelner Gelehrter in unterschiedlicher Haltung wiedergeben. Der Direktor der Kunsthalle, Alfred Lichtwark, der das Bild in Auftrag gegeben hatte, ließ sich selbst nicht porträtieren. Er gehörte allerdings auch nicht dem 1892 gebildeten Professorenkonvent an. Die Kunsthalle blieb bis 1921 unter besonderer von der Oberschulbehörde unabhängiger Verwaltung.

Die Hamburgische Wissenschaftliche Stiftung ist eine von zahlreichen Initiativen gewesen, die sich mit philanthropischer Ziel-

Stifter und Anstifter – diese Porträts von Werner von Melle und Edmund fertigte Henry Ludwig Geertz 1907 für das Gruppenbild an

setzung um die Wende zum 20. Jahrhundert entwickelt haben. Die älteste Einrichtung auf diesem Gebiet hatte in Hamburg allerdings schon mit der Patriotischen Gesellschaft Fuß gefasst und wichtige Innovationen in der Stadt bewirkt. Die Hamburgische Gesellschaft zur Beförderung der Künste und nützlichen Gewerbe, wie sie ursprünglich hieß, wurde 1765 von Hamburger Kaufleuten, Senatoren, Theologen, Juristen und Ärzten mit dem Ziel gegründet, im Geiste der Aufklärung Bildung und Wissenschaft, Wirtschaft und Gewerbe zum Wohle des Gemeinwesens der Stadt zu fördern.

DIESE als „patriotische", d. h. gemeinnützige, Aufgabe bezeichnete Tätigkeit begann sie mit dem Aufbau einer allgemeinen Bibliothek, die 1818 bereits 30.000 Bände umfasste. Mit Hilfe der Patrioten wurde 1899 die Öffentliche Bibliothek an den Kohlhöfen gegründet. Letztlich entwickelten sich hieraus die für die Hamburger Volksbildung kennzeichnenden Öffentlichen Bücherhallen, die heute in Form einer Stiftung fortbestehen.

AUCH die weiteren Aktivitäten der Patriotischen Gesellschaft sind durch Originalität und Weitsicht gekennzeichnet: 1767 erfolgte die Errichtung einer privaten Bauzeichenschule für angehende Handwerker, aus der sich eine Gewerbeschule entwickelte, deren Verwaltung 1864 der Staat übernahm. Letzt-

Der Hamburgische Professorenkonvent, Gemälde von Max Liebermann (1905/1906)

Professor Robert Münzel

Die Professoren Karl Kraepelin, Richard Schorr und Georg Thilenius

Professor August Voller

Professor Max Dennstedt

lich entstanden hieraus in Hamburg sowohl die Hochschule für Bildende Künste als auch die heutige Hochschule für Angewandte Wissenschaft (HAW) mit ihrem breiten Spektrum naturwissenschaftlich-technischer Ausbildung. 1785 kam es mit Hilfe der Patrioten zur Gründung einer Navigationsschule, die dann später ebenfalls in die HAW aufging. 1788 errichteten die Patrioten die Allgemeine Armenanstalt als Grundlage einer modernen Sozialfürsorge. 1880 trat der 1859 entstandene Architekten- und Ingenieurverein, der noch heute besteht, in ein Sektionsverhältnis zur Gesellschaft.

DIE Patriotische Gesellschaft arbeitete in Sektionen, einer technischen und einer landwirtschaftlichen, zu denen 1858 eine Kunst- und Gewerkesektion kam. Diese schloss sich 1867 mit der technischen Sektion zum Gewerbeverein zusammen, der die

Professor Adolf Wohlwill

Professor Eduard Zacharias

Professor Justus Brinckmann

Einrichtung des Museums für Kunst und Gewerbe initiierte. 1886 gründete dann Justus Brinckmann, inzwischen Direktor des Museums, den Kunstgewerbe-Verein zu Hamburg, der in der auch noch heute sehr lebendigen Justus Brinckmann Gesellschaft seine Fortführung fand. Eine Reihe von Mitgliedern des Vereins – nämlich Max Albrecht, Otto Blohm, Julius Cords, Otto Dehn, Max Emden, Julius Ertel, Friedrich Grote, Rudolf Hardy und Louis Rosenfeld – unterstützten die Hamburgische Wissenschaftliche Stiftung in ihren frühen Jahren mit zum Teil beträchtlichen Spenden.

Auch in der Patriotischen Gesellschaft selbst waren zu dieser Zeit zahlreiche Bürger aktiv, die sich zugleich für die Hamburgische Wissenschaftliche Stiftung engagierten: 37 Patrioten waren entweder Förderer oder Mitglieder des ersten Stiftungskuratoriums, darunter sind Namen wie Georg

Behrmann, Werner von Melle, Edmund Siemers, Ernst Friedrich Sieveking, Aby und Max Warburg, Eduard Weber oder Eduard Westphal zu finden.

BEREITS 1839 war, gefördert von der Patriotischen Gesellschaft, der Verein für Hamburgische Geschichte entstanden. Die Gründer, sowohl Fachhistoriker als auch Laien, strebten damals – und das ist bis zum heutigen Tage Vereinsziel geblieben – die Erforschung der Vergangenheit Hamburgs auf ganz unterschiedlichen Gebieten an sowie die Verbreitung der gewonnenen Erkenntnisse durch Wort, Schrift, Bild und Bibliothek. An den zahlreichen Vorträgen konnten auch Nicht-Vereinsmitglieder teilnehmen. Schon im Gründungsjahr begann die „Artistische Sektion" des Vereins mit der Sammlung Hamburgischer Altertümer, die seit 1849 in den Kellerräumen des Johanneums untergebracht war und 1922 in den neu eröffneten Museumsbau übersiedelte, welcher derzeit grundlegend neugestaltet wird. Die anfänglichen Bestände des Museums für Hamburgische Geschichte gehen auf diese Sammlungsaktivitäten des Vereins zurück.

WIE schon der Patriotischen Gesellschaft gehörten auch dem Verein für Hamburgische Geschichte viele Bürger an, die sich zugleich der Hamburgischen Wissenschaftlichen Stiftung verbunden fühlten: 17 Vereinsmitglieder waren entweder im ersten Kuratorium aktiv oder unterstützten die Stiftung mit Spenden. Neben einigen der bereits erwähnten Personen sind z. B. Johann Hinrich Garrels, Gottfried Holthusen, Hugo Krüss, Hermann Franz Matthias Mutzenbecher, Otto Patow, Paul Rappolt, Hermann Tietgens oder Franz Heinrich Witthoefft zu nennen.

OBWOHL es für ein Geschichtsmuseum besonders nahe läge, sind diese ursprünglichen Förderer in der Eingangshalle des imposanten Schumacherbaus nicht gewürdigt, wohl aber in ihrem Obergeschoß mit drei bronzenen Tafeln die bedeutenden Mäzene, die das Museum bei seinem Wiederaufbau nach dem zweiten Weltkrieg unterstützt haben. Es sind dies neben der Hapag-Lloyd Stiftung vor allem Michael Otto und Hermann Schnabel gewesen.

AUCH die Entstehung der Hamburger Kunsthalle geht auf einen bürgerlichen Verein zurück, den 1817 gegründeten Kunstverein in Hamburg. Er wurde zwar auch von Mitgliedern der Patriotischen Gesellschaft gegründet, nicht jedoch von dieser selbst. Immerhin waren 1913 fast ein Drittel der Patrioten, nämlich 262 Personen, zugleich Mitglied des Kunstvereins. Dieser konnte das öffentliche Interesse an einer städtischen Galerie wecken. 1849 war es soweit, dass die Stadt eine „Galerie-Kommission" bildete, der je zwei Mitglieder des Kunstvereins und des Senats angehörten. 1850 wurde in den Börsenarkaden am Adolphsplatz die Öffentliche Städtische Gemäldegalerie mit 40 Bildern eröffnet. Mehr als die Hälfte davon entstammte der privaten Sammlung Hartwig Hesses, der schon mit zahlreichen sozialen Stiftungen in Hamburg hervorgetreten war. 1869 wurde dann die Kunsthalle am Glockengießerwall eröffnet, die überwiegend aus privaten Spenden Hamburger Bürger finanziert war. Ihr erster Direktor war seit 1886 Alfred Lichtwark, der die Sammlung wesentlich ausbaute. Auffällig ist, dass sich 74 Mitglieder des Kunstvereins 1906/1907 in der Hamburgischen Wissenschaftlichen Stiftung als Donatoren und

Mitglieder des ersten Kuratoriums engagierten – das sind rund drei Viertel ihrer Begründer!

Die sich direkt an der Förderung der Kunsthalle beteiligenden Hamburger Bürger sind auf verschiedenen Stiftertafeln in der Eingangsrotunde des südlichen Erweiterungsbaus festgehalten. Aus dem Kreis der Hamburgischen Wissenschaftlichen Stiftung sind dies: das Ehepaar Antonie und Erdwin Amsinck, Gustav Aufschläger, Georg Behrmann, Alfred Beit, Luise Bohlen, Martin Bromberg, Gerhard Julius Cords, Gustav Diederichsen, Eduard Lorenz-Meyer, Louis Rosenfeld, Edmund Siemers und Gertrud Troplowitz sowie die Firma Friedrich Adolf Sohst und der Grundeigentümer-Verein zu Hamburg. Noch heute lebt die Kunsthalle nicht unerheblich von privaten Stiftungen. Besonders zu erwähnen ist die 15-Millionen-Euro-Spende der Mäzene Dorit und Alexander Otto aus dem Jahr 2013, mit der die beiden Altbauten des Museums umfassend saniert werden konnten.

Hamburger haben aber auch auf anderen Gebieten stets gern gesammelt und die Sammlungen ihrer Heimatstadt zur Verfügung gestellt. 1837 gründeten sie den Naturwissenschaftlichen Verein in Hamburg. Er wurde 1905/1906 von dem Biophysiker Friedrich Ahlborn geleitet und 1907/1908 von dem Optiker und Fabrikanten Hugo Krüss, der auch dem Kuratorium der Wissenschaftlichen Stiftung angehörte. Der Verein hatte in diesen Jahren rund 400 ordentliche und 12 korrespondierende Mitglieder.

Zu seinen besonderen Verdiensten gehörten der Aufbau und die Betreuung der naturwissenschaftlichen Sammlungen. Diese wurden zunächst bei der Stadtbibliothek in den Räumen des Johanneums am Speersort aufbewahrt. Zum Ende des 19. Jahrhunderts hatte der Verein die Notwendigkeit ihrer angemessenen Unterbringung und Betreuung so dringlich gemacht, dass die Stadt schließlich dem Ansinnen nachgab und sie 1891 in einem eigens dafür errichteten Naturhistorischen Museum am Steintorwall, dem heutigen Klosterwall, unterbrachte. Es war ein bauliches Pendant zu der neuen Gewerbeschule mit ihrer Gewerbesammlung auf der gegenüberliegenden Seite des Stadtgrabens, in dem der Hauptbahnhof errichtet worden war. Das Museum wurde im Krieg zerstört, der Standort mit einem Neubau verschandelt, in dem sich heute ein Elektrofachmarkt befindet. Mit dem Museumsbau verbunden war die Überleitung der wissenschaftlichen Einrichtungen, die bisher von dem Verein betreut wurden, in die städtische Trägerschaft als Staatsinstitute. Diese Entwicklung ist vergleichbar mit der, die schon bei der Heranführung der zunächst von den Patrioten getragenen gewerblichen Ausbildungsstätten in eine staatliche Trägerschaft stattfand.

1907 wurde die mineralogisch-geologische Abteilung des Naturhistorischen Museums ausgegliedert und unter der Leitung Carl Gottsches zu einem selbstständigen Mineralogisch-Geologischen Institut, woraus später dann die noch mehrfach ihre Bezeichnungen wechselnden Universitätsinstitute mit ihren entsprechenden Museen hervorgingen. Das Naturhistorische Museum wurde 1907 in Zoologisches Museum umbenannt. Wenig später wurde der Botanische Garten mit einem von Karl G. Zimmermann gestifteten Herbarium zu einem Institut für Allgemeine Botanik vereinigt (1912), neben dem ein selbstständiges Institut für Angewandte Botanik eingerichtet wurde. Die botanischen Sammlungen waren bereits 1883 vom übrigen Bestand abgetrennt worden.

DIE naturwissenschaftlichen Sammlungen, soweit sie überlebt haben, sind auf die einschlägigen Institute und Museen der Universität aufgeteilt. Die zoologische Sammlung, für die ein 1983 Neubau errichtet wurde, enthält zum Teil einmalige Objekte, welche durch die moderne Genanalytik für die Forschung wieder aktuelle Bedeutung gewonnen haben. Man kann nur hoffen, dass Hamburg sich seiner wissenschaftlichen Schätze besinnt und sie einmal in einem neuen Museum zusammenführt. Seit der Gründung des Centrums für Naturkunde (CeNak) 2014 verfolgt die Universität Hamburg das Ziel, diese Objekte in einem neuen Naturkundemuseum zugänglich zu machen.

DER Naturwissenschaftliche Verein in Hamburg war auch mit den anderen wissenschaftlichen Einrichtungen der Stadt eng verbunden:

DA war das 1878 errichtete Chemische Staatslaboratorium am Akademischen Gymnasium, das zu einer Chemischen Untersuchungsanstalt ausgebaut worden war, für die bei der zunehmenden Industrialisierung ein Bedarf bestand. Seit 1893 wurde es von Max Dennstedt geleitet.

ÄHNLICH ging es mit dem Physikalischen Staatslaboratorium, das 1885 gegründet worden war und unter der Leitung von August Voller stand. Beide Direktoren gingen aus dem höheren Lehrerberuf hervor und bewiesen damit, dass in diesem Stand oft gute Gelehrte heranwuchsen. Voller wurde 1919 ob seiner Verdienste um die Gründung der Hamburgischen Universität zum Honorarprofessor der Naturwissenschaftlichen Fakultät ernannt.

EIN besonderes Schicksal erfuhr die ethnologische Sammlung des Naturwissenschaftlichen Vereins. Diese anfänglich in der Art eines Kuriositätenenkabinetts recht gemischt zusammengesetzten Bestände wurden meistens von Hamburger Kaufleuten von ihren überseeischen Reisen mitgebracht, zum Teil auch, wie das Johann Caesar Godeffroy tat, speziell in längeren Forschungsreisen zusammengetragen, ehe sie dann Teil der Sammlung des Naturwissenschaftlichen Vereins wurden. Das war schon ein Fortschritt gegenüber dem Schattendasein, welches sie zuvor in der Stadtbibliothek im Johanneum gefristet hatten. Der Verein versuchte, die Bestände zu ordnen und setzte sich dafür ein, dass ihm angemessene Räume zugeteilt wurden. Mit nachhaltiger Unterstützung vom Präses der Oberschulbehörde Gustav Heinrich Kirchenpauer gelang ihre Überführung in die Verantwortung der Stadt. Dass 1904 mit der Berufung Georg Thilenius' zum Direktor des Museums für Völkerkunde ein Mediziner für die Ethnologie gewonnen wurde, hing mit deren damals stark naturwissenschaftlichen Ausrichtung etwa bei chemischen Untersuchungen prähistorischer Objekte zusammen. Diese erfolgten zunächst im Rahmen der Sitzungen der Deutschen Gesellschaft für Anthropologie, Ethnographie und Urgeschichte. Nach deren Auflösung übernahm Thilenius 1905 die „Anthropologische Gruppe“ des Naturwissenschaftlichen Vereins. Er betrieb tatkräftig die Vermehrung der Sammlungen und den Neubau des Museums an der Rothenbaumchaussee (1908 bis 1912), zu dem sich die Stadt entschlossen hatte und der nach seinen Vorstellungen gestaltet wurde.

EDUARD Lorenz-Meyer stiftete in diesen Jahren dem Museum häufiger Exponate aus Ostasien, die er von seinen Reisen mitbrachte; außerdem stellte er ethnographisch interessante Aquarelle, die er selbst angefertigt hatte, für Lehrzwecke zur Verfügung. 1914 wurde er in die Kommission des Museums für Völkerkunde gewählt. Auch im Museum am Rothenbaum (wie das Haus heute heißt) sind in der Eingangshalle die Namen der wichtigsten Förderer verewigt, unter ihnen an erster Stelle wieder Alfred Beit, ferner u. a. das Bankhaus M. M. Warburg & Co., die Dr. Wilhelm Martin von Godeffroy-Stiftung, die Kaufleute Sally Gutmann und Carl W. Lüders, letzterer langjährige Vorsteher des Museums, sowie der Geschäftsmann, Stifter und Kunstmäzen Henry Budge, in dessen Villa an der Alster heute die Hochschule für Musik und Theater untergebracht ist. Dort erinnern Gedenktafeln an ihn.

ALLE diese Überlegungen bestätigen das, was Alfred Lichtwark bereits 1897 beobachtet hatte: „In Hamburg hatten bis vor ganz kurzer Zeit die Organe des Staates in Kulturdingen keine Initiative. Auf allen Gebieten war der Hergang derselbe. Stellte sich irgendwo ein Bedürfnis heraus oder ließ es sich voraussehen, so trat ein einflussreicher Mann mit seinen Freunden zu einem festgefügten Verein oder zu einem lose verbundenen Komitee zusammen, warb um Mittel, organisierte die Verwaltung, führte sie so lange weiter, wie es mit Privatmitteln möglich war, und übergab sie dann dem Staate. Dieser Weg mag seine Schattenseiten haben, aber man wird ihn nicht geringachtend behandeln dürfen. Wo könnten Beamte des Staates so frei und unakademisch die Form für das Neue finden wie die unabhängigen, durch keine Rücksichten gehinderten Bürger! Was verfehlt oder nicht recht lebensfähig war, ging spurlos zugrunde und brauchte nicht, wie eine Gründung des Staates, Generationen hindurch künstlich erhalten zu werden."[2]

ANDERS als bei den beschriebenen Einrichtungen war die Hamburgische Wissenschaftliche Stiftung nicht das Ergebnis der Bemühungen vieler Hamburger Bürger, die sich zu einer Korporation zusammengeschlossen hatten, sondern im Wesentlichen das der Bemühungen eines Einzelnen, der überdies eine leitende Funktion im Senat der Stadt ausübte. Werner von Melle hatte sich schon vor seiner Zeit als Präsidialmitglied der Oberschulbehörde (1891) für das Ziel verwandt, in Hamburg eine Universität zu errichten. Mit seinem Amtsvorgänger Kirchenpauer verband ihn die Methode, immer wieder auf den Bedarf für eine solche Ausbildungs- und Forschungsstätte hinzuweisen und, wo er Gelegenheit dazu fand, durch Berufung qualifizierter Persönlichkeiten die personellen Grundlagen dafür zu schaffen. Als sich aus seiner genauen Kenntnis der politischen Konstellation zeigte, dass die Hamburgische Bürgerschaft kaum zur Finanzierung einer Hamburger Universität zu bewegen wäre, ging Werner von Melle dazu über, dieses Ziel in Form einer Stiftungsuniversität anzustreben.

DAS war keineswegs ungewöhnlich, denn ähnliche Ansätze bestanden auch in anderen deutschen Handelsstädten, die wie Leipzig, Frankfurt am Main, Düsseldorf oder Köln zunächst Handelshochschulen als Vorform einer akademischen Ausbildungsstätte in ihrer Stadt anvisierten. Ein gutes Beispiel dafür bietet Köln, wo eine ähnlich strukturierte Persönlichkeit wie Werner von Melle wirkte, nämlich der Kaufmann und Industrielle Gustav von Mevissen als Vorkämpfer für die Wiederbegründung der städtischen Universität. Zur Begründung diente ein postulierter Bedarf der Kaufmannschaft, ihrem Nachwuchs eine, den erhöhten Anforderungen der modernen Technik und des Welthandels entsprechende akademische Ausbildung zu geben. Anregungen holte er sich aus den USA, wo 1881 Joseph Wharton für die University of Pennsylvania eine School of Finance and Economy gegründet und wenig später John D. Rockefeller die University of Chicago um ein College of Commerce and Politics erweitert hatte. Auch Mevissen setzte seine Hoffnung darauf, das für eine Hochschule erforderliche Stiftungskapital durch Spenden aus der Kaufmannschaft zusammenzubekommen, um zunächst einige Lehrstühle und vor allem auch Stipendien für Studenten zu finanzieren.

WERNER von Melle kam zugute, dass das Deutsche Reich für die Verwaltung seiner jüngst erworbenen Kolonien eine Ausbildungsstätte für Kolonialbeamte benötigte. Als die Budgetkommission des Reichstages beschloss, eine ordentliche Professur für Kolonialwissenschaften einzurichten, veranlasste er, dass Hamburg ein ganzes Kolonialinstitut anbot. Dabei konnte er darauf bauen, dass es hier neben dem seit 1895 von der Stadt eingerichteten Allgemeinen Vorlesungswesen ein 1900 gegründetes Institut für Schiffs- und Tropenkrankheiten gab und auch die bereits erwähnten Wissenschaftlichen Anstalten und Institute Hamburg als Wissenschaftsstandort auswiesen. 1908 wurde das Hamburger Kolonialinstitut eröffnet, zunächst mit nur drei Professuren, einer für Geographie, einer für Öffentliches Recht und einer für die Geschichte und Kultur des Orients, auf die der namhafte Orientalist Carl Heinrich Becker berufen wurde. 1909/1910 kamen zwei weitere Professuren hinzu: Eine für Ostasien, auf die der Sinologe Otto Franke berufen wurde, und eine für afrikanische Sprachen, die mit Carl Meinhof besetzt wurde. Hamburg kann damit für sich in Anspruch nehmen, den weltweit ersten Lehrstuhl für afrikanische Sprachen geschaffen zu haben. Es folgten zahlreiche weitere Dozenturen, die mit den bestehenden wissenschaftlichen Einrichtungen und dem Allgemeinen Vorlesungswesen so vernetzt wurden, dass damit bereits die Vorform einer Universität entstand. Die Hamburgische Wissenschaftliche Stiftung konnte also auf ein Umfeld zurückgreifen, dass ihren Zielen sehr förderlich war.

ZUNÄCHST beabsichtigte Werner von Melle, seinen Schulfreund Alfred Beit, den in England lebenden „Diamantenkönig“ von Südafrika, für die Idee einer Stiftungsuniversität zu gewinnen, um durch dessen Beispiel auch andere großzügige Stifter dafür zu interessieren. Diese Erwartung erfüllte sich jedoch bei weitem nicht. Von Alfred Beit bekam er statt der angestrebten 25 Millionen Mark nur zwei. Bis zur Genehmigung der Hamburgischen Wissenschaftlichen Stiftung am 12. April 1907 hatte Werner von Melle ein Gründungskapital von 3.815.000 Mark zusammenbekommen. Als er im Jahre 1912 den dann gescheiterten Versuch wagte, ein Gesetz zur Gründung der Universität einzubringen, war das Stiftungsvermögen auf 4,5 Millionen Mark gestiegen. Die Erträge eines solchen Kapitals reichten selbst bei guter Verzinsung schon nach damaligen Verhältnissen bei weitem nicht für die Gründung einer Universität aus.

DAS Stiftungskuratorium beschloss gleich zu Beginn seiner Arbeit, ein spektakuläres Projekt zu fördern, das die Stiftung bekannt machen sollte, um damit weitere Spenden einzuwerben. Bei dem Projekt handelte es sich um die berühmte Südsee-Expedition von 1908 bis 1910 nach Neu-Guinea, zum Bismarck-Archipel, den Marshallinseln und den Karolinen, die vom Museum für Völkerkunde betreut wurde. Ihr Ziel war es, diesem Museum mit dem Einzug in seinen Neubau auch inhaltlich ein neues Profil zu geben, das wissenschaftlich von Bedeutung war, sich zugleich aber auch mit den kolonialen Interessen Deutschlands und vor allem Hamburgs vertrug. Noch wichtiger als diese Expedition wurde für die künftige Entwicklung zur Universität, dass die Stiftung sich vorgenommen hatte, eine Stiftungsprofessur zu schaffen, auf die eine Lehrkraft von Rang für das Allgemeine Vorlesungswesen berufen werden sollte. Dies gelang bereits 1907 mit dem Heidelberger Historiker Erich Marcks. Ihm folgten bis 1919 neunzehn weitere Gelehrte, denen die Wissenschaftliche Stiftung das Gehalt oder einen Zuschuss dazu zahlte, um sie für Hamburg zu gewinnen. Unter ihnen waren der Nationalökonomen und Japankenner Karl Rathgen, der Historiker Max Lenz, der Germanist Conrad Borchling, der Öffentlichrechtler Kurt Perels oder der Psychologe William Stern. Auf diese Weise gelang es schließlich, dem Allgemeinen Vorlesungswesen nahezu Hochschulrang zu geben.

DIE im Mai 1919 eröffnete Hamburgische Universität konnte auf diese Professuren zurückgreifen. Aus dem Kreis der Dozenten wurde Karl Rathgen als erster Rektor gewählt. Sein Portrait hängt als ein Geschenk seines Enkels im Hauptgebäude der Universität.

DIE Universität wurde aus öffentlichen Mitteln finanziert und geriet dadurch in eine Abhängigkeit von der Politik, die sich besonders von 1933 bis 1945 negativ auf sie auswirkte. Dass sie sich in der Weimarer Republik in einer Reihe von Disziplinen durch herausragende Gelehrte schnell auch internationalen Rang erwerben konnte, daran hatte die Hamburgische Wissenschaftliche Stiftung mit ihren Gehaltszuschlägen und weiteren Förderungen hohen Anteil.

IHR im Jahr 1922 mit rund 7 Millionen Mark zu Buche stehendes Vermögen ging in der Inflation 1923 praktisch vollständig verloren. Auch der erneute Vermögensverlust durch die Währungsreform 1948 brachte die Arbeit fast zum Erliegen. Wenn die Stiftung dennoch überlebt hat, so ist dies vor allem ihrem „zweiten Gründer" Kurt Hartwig Siemers zu verdanken. Nach einem Studium der Nationalökonomie und Geschichte war Siemers in Hamburg, Berlin, London und München als Kaufmann und Bankier tätig. Ab 1946 wandte er sich zunehmend der ehrenamtlichen Wahrnehmung öffentlicher Aufgaben zu, u. a. engagierte er sich für den Kunstverein, die Geographische Gesellschaft, die Universitätsgesellschaft und die Joachim Jungius-Gesellschaft. Die Hamburgische Wissenschaftliche Stiftung, die er von 1951 bis 1988 als Vorsitzender leitete, war ihm besonders wichtig.

Der Rückblick bestätigt eine allgemeine Erfahrung aus dem Umgang mit gemeinnützigem Engagement. Es sind in Hamburg, wie in anderen Städten, immer dieselben Bürger, die sich engagieren und die ihre Zeit und ihr Geld nicht einem, sondern gleich mehreren gemeinnützigen Zwecken zuwenden. Sie bilden eine engagierte Minderheit, die anzuerkennen ein wichtiges Anliegen der Politik sein sollte.

Ausblick

Vier Dinge sind es, die im Hinblick auf die weitere Entwicklung der Hamburgischen Wissenschaftlichen Stiftung gesagt werden können.

Erstens: Es ist durchaus nicht so, dass die Hamburgische Wissenschaftliche Stiftung einfach nur fortzubestehen hat. Um für neue Herausforderungen in einer sich wandelnden „Wissenschaftslandschaft" gewappnet zu sein, ist es jedoch hilfreich, sich auf die „goldenen Anfangsjahre" der Stiftung zu besinnen. Die Hamburgerinnen und Hamburger für die Wissenschaften zu begeistern und Interesse am bürgerschaftlichen Engagement für diese zu wecken – das ist eine nach wie vor elementar wichtige Aufgabe in der Hansestadt. Jede einzelne Biographie der Reihe „Mäzene für Wissenschaft" leistet hierzu einen Beitrag. Am Vorabend des 100-jährigen Universitätsjubiläums hat die Hamburgische Wissenschaftliche Stiftung zudem die Buchreihe „Wissenschaftler in Hamburg" ins Leben gerufen, die ein ähnliches Ziel verfolgt: Mit der neuen Reihe würdigt die Stiftung Persönlichkeiten, die sie in ihrer über 100-jährigen Geschichte gefördert hat, und diejenigen, die den Ruf der Universität Hamburg ausmachen.[3]

Zweitens: In den über einhundert Jahren ihres Bestehens hat die Stiftung auch schwere Zeiten durchgemacht. Das galt ganz besonders für die Zeit des „Dritten Reichs", das sich auch auf ihre Gremien und die von der Stiftung Geförderten ausgewirkt hat. Einige hielten es mit den Nationalsozialisten oder standen politisch so rechts, dass sie deren Ein- und Übergriffe unterstützten oder zumindest hinnahmen. Andere waren als politische Gegner oder als Juden betroffen. Zwei der Donatoren, Ferdinand Rosenstern und Franz Rappolt, kamen in Auschwitz bzw. Theresienstadt ums Leben. Diese Belastung mit der Vergangenheit teilt die Stiftung mit zahlreichen anderen Hamburger Einrichtungen. Hiermit hat sich die noch zu schreibende Geschichte der Hamburgischen Wissenschaftlichen Stiftung zu befassen. Die Erforschung der Biographien ihrer Begründer und frühen Förderer sowie der von ihr geförderten Wissenschaftler liefert wichtige Vorarbeiten für ein solches Projekt.

Drittens: Von Beginn an hat die Hamburgische Wissenschaftliche Stiftung gezeigt, dass sie Menschen verbinden kann, die sich für das Gemeinwohl Hamburgs mit allen ihren Kräften einsetzen. Insofern unterscheidet sie sich nicht von anderen gemeinnützigen Stiftungen oder Vereinen. Ihre besondere Qualität besteht jedoch darin, dass sie im Bereich der Wissenschaft über ein bewährtes Netzwerk aus Menschen und Einrichtungen verfügt, welches sich aus ihrem Kuratorium ebenso wie aus ihrer Fördertätigkeit ergibt. Im Kuratorium der Stiftung sind immer auch noch dieselben Institutionen und Familien vertreten, die von Anfang an dabei waren. Sie haben nicht nur wegen ihrer wissenschaftlichen Qualifikation, sondern auch wegen ihrer gemeinnützigen Tradition Gewicht. Das zeigt sich bei den Begründerfamilien Bach, Siemers und Sieveking, die seit über einhundert Jahren im Kuratorium der Stiftung aktiv sind. Bis heute wird die Hamburgische Wissenschaftliche Stiftung durch Zuwendungen aus dem Kreis des Kuratoriums und von engagierten Bürgern unterstützt, so z. B. durch eine Hamburger Persönlichkeit, die 2017 der Stiftung eine außerordentlich großzügige Spende machte. Das Engagement setzt sich fort in den Repräsentanten bedeutender Wirtschaftsunternehmen und in den Vertretern der Institutionen wie etwa der Staats- und Universitätsbibliothek, der wissenschaftlichen Institute und Sammlungen, deren Leiter auch heute noch in der Stiftung mitwirken.

VIERTENS: Die Stiftungslandschaft Hamburgs hat sich in den letzten hundert Jahren stark verändert. Das gilt vor allem im Bereich der Bildung und Wissenschaft. Hier sind mit der Alfred Toepfer Stiftung F.V.S., der Böttcher-Stiftung der Edmund Siemers-Stiftung, der Hermann Reemtsma Stiftung, der Körber-Stiftung und der ZEIT-Stiftung Ebelin und Gerd Bucerius bedeutende Födereinrichtungen entstanden, die auch die Wissenschaft zum Gegenstand haben. Die Hamburgische Wissenschaftliche Stiftung arbeitet mit ihnen allen zusammen, sei es in gemeinsamen Veranstaltungen und Förderprojekten, sei es in der von ihr 2007 initiierten Gesprächsrunde wissenschaftsfördernder Hamburger Stiftungen mit Verantwortlichen aus Wissenschaft und Politik. Diese Kooperationen will sie auch in Zukunft weiter pflegen und ausbauen.

1 *Zur Gründung der Hamburgischen Wissenschaftlichen Stiftung vgl. vor allem die Aufsätze von Gerhard Ahrens: Hanseatische Kaufmannschaft und Wissenschaftsförderung. Vorgeschichte, Gründung und Anfänge der „Hamburgischen Wissenschaftlichen Stiftung" von 1907, in: Vierteljahreshefte für Sozial- und Wirtschaftsgeschichte 66 (1979), S. 216–230; Werner von Melle und die Hamburgische Universität, in: Zeitschrift des Vereins für Hamburgische Geschichte 66 (1980), S. 63–93; Kaufmannschaft und Wissenschaftsförderung. 75 Jahre Hamburgische Wissenschaftliche Stiftung, in: uni hh 13, 2 (1982), S. 14–15 sowie Hamburg hatte die erste Stiftungsprofessur. Pioniertat Werner von Melles noch vor der Universitätsgründung, in: uni hh 19, 4 (1988), S. 27–30. Siehe außerdem Friedrich Lübbren: 45 Jahre Hamburgische Wissenschaftliche Stiftung 1907–1952, Hamburg 1952 [Privatdruck].*

2 *Alfred Lichtwark: Hamburg. Niedersachsen, Dresden 1897, S. 51 f.*

3 *Den Auftaktband bildet der im Wallstein Verlag publizierte Band über den Kunsthistoriker Erwin Panofsky, siehe Karen Michels: Sokrates in Pöseldorf. Erwin Panofskys Hamburger Jahre, Göttingen ²2018 (Wissenschaftler in Hamburg; 1).*

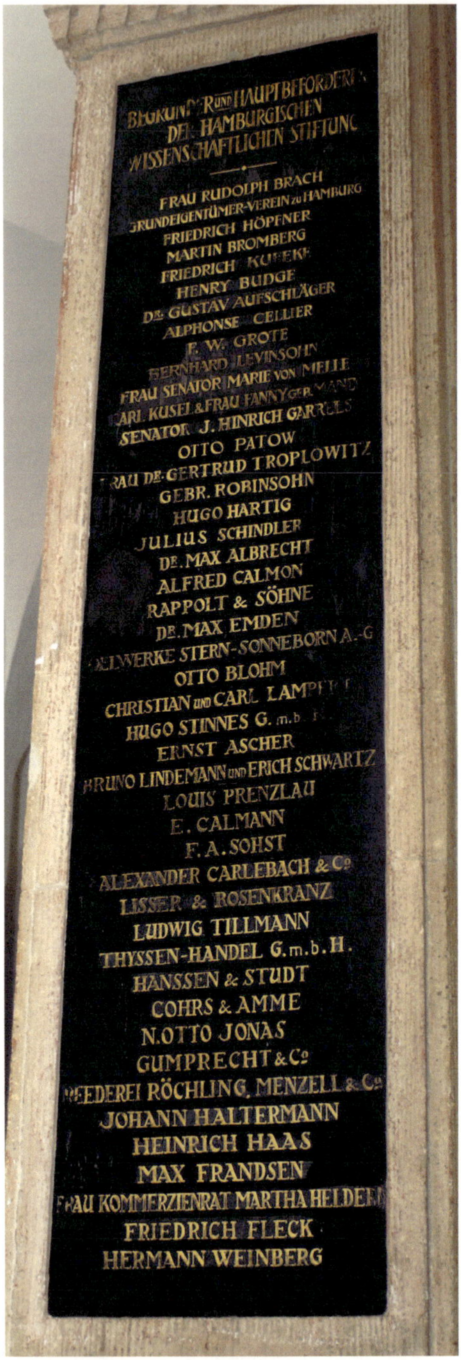

Die beiden Marmortafeln im Hauptgebäude

Die Begründer der Hamburgischen Wissenschaftlichen Stiftung

Die Donatoren auf der linken Marmortafel im Hauptgebäude der Universität

Der Zugang zu den folgenden Ausführungen ist nahe liegend, schlicht und intuitiv: Betritt man die Eingangshalle im Hauptgebäude der Universität Hamburg, so fällt der Blick unmittelbar auf zwei Säulen, an denen sich schwarze Marmortafeln mit goldenen Lettern befinden. Der genaue Zeitpunkt, wann diese angebracht worden sind, lässt sich nicht mehr genau bestimmen – es muss nach dem 8. Juli 1912 gewesen sein.[4] Die linke der beiden Tafeln listet unter der Überschrift „Begründer und Hauptbeförderer der Hamburgischen Wissenschaftlichen Stiftung" 47 Förderer auf. Es handelt sich um Donatoren(-gruppen), die in den Jahren 1906 und 1907 mindestens 10.000 Mark für die Hamburgische Wissenschaftliche Stiftung gestiftet und sich damit in besonderem Maße um diese Einrichtung verdient gemacht haben.[5]

Wie kam es dazu? Seit September 1904 beriet der Präses der Oberschulbehörde Werner von Melle mit dem für die Errichtung einer Universität in Hamburg aufgeschlossenen Bankier Max Warburg über die Gründung einer Stiftung zur Förderung der Wissenschaften. Dem Senator ging es vor allem darum, durch eine private Stiftung größere finanzielle Unabhängigkeit vom Senat zu erlangen. Warburg empfahl ihm, an den „Diamantenkönig" Alfred Beit heranzutreten, der einer Hamburger Familie mit jüdischem Hintergrund entstammte.

Von Melle kannte Beit persönlich. Beide hatten in jungen Jahren die Privatschule von Dr. Schleiden besucht und waren miteinander befreundet gewesen. Später verloren sie sich jedoch aus den Augen. Während von Melle in Hamburg zum Senator avancierte wurde Beit in Südafrika einer der reichsten Männer seiner Zeit – durch die Diamanten von Kimberley und das Gold vom Witwatersrand. Im Oktober 1904 nahm von Melle die alte Verbindung auf und sandte Beits Mutter Laura, die in Hamburg lebte, einen schriftlichen Gruß zum achtzigsten Geburtstag. Genau ein Jahr später kam es dann zu einem Treffen zwischen den alten Schulfreunden, bei dem von Melle seine Stiftungspläne erläuterte. Bereits in den Monaten zuvor hatte er mit Max Warburg, dem Rechtsanwalt Otto Dehn und dem Regierungsrat aus der Oberschulbehörde Max Förster einen Entwurf von Bestimmungen ausgearbeitet, die später mit nur geringen Abänderungen die Stiftungsstatuten werden sollten. Bei einem zweiten Treffen Weihnachten 1905, sagte Beit schließlich eine Spende von zwei Millionen Mark zu – diese bildete den Grundstock des Stiftungskapitals der Hamburgischen Wissenschaftlichen Stiftung.[6]

Es war im Wesentlichen Werner von Melle, der seit Anfang 1906 weiteres Geld für die geplante Stiftung sammelte. Dabei übernahm er die undankbare Aufgabe, „wie der Agent einer Versicherungsgesellschaft" umherzulaufen, der sich von folgender Devise leiten ließ: „Da in den zu finanzieller Hilfe heranzuziehenden Kreisen die Meinungen über die Art der zu wählenden Hochschule, ja über die Frage der Errichtung einer Hochschule überhaupt, noch geteilt waren, so durfte die Universität oder eine andere Hochschulart nicht als der ganz bestimmte und alleinige Zweck der Geldwerbung hingestellt werden."[7] Daneben engagierte sich auch Max Warburg, der seine Kontakte zu in New York lebenden Hamburgern nutzte und auf diese Weise Geld akquirierte.

Nach der Spende von Alfred Beit kamen im März 1906 als zweite Zuwendung 250.000 Mark von der Familie Warburg. Jeweils 100.000 Mark wurden von Gustav Amsinck, Gustav Diederichsen (der im August 1909 noch einmal 50.000 Mark zur Verfügung stellte), Adolph Lewisohn, Hermann Sielcken und der Dr. Wilhelm Martin von Godeffroy-Familien-Fideikommiß-Stiftung gestiftet.[8]

Im Folgenden werden zunächst die 47 Förderer, die auf der linken Marmortafel genannt sind, in Kurzbiographien gewürdigt, denen einige Hinweise auf gedruckte Quellen und weiterführende Literatur beigefügt sind.[9] Im Fokus der Ausführungen liegt die wirtschaftliche Tätigkeit der betreffenden Person – einfach gesprochen: wo kam das Geld her, das gespendet wurde? – und ihr bürgerschaftliches Engagement in und außerhalb Hamburgs.

Die Lektüre dieser Lebensläufe macht deutlich, dass die Donatoren und die Mitglieder des ersten Kuratoriums der Stiftung eng miteinander vernetzt waren, sowohl in wirtschaftlicher, als auch im politischer und kultureller Hinsicht. Es fällt auf, dass die bedeutendsten finanziellen Beiträge für die Hamburgische Wissenschaftliche Stiftung – rund zwei Drittel des anfänglichen Vermögens – von Stiftern mit jüdischem Familienhintergrund geleistet wurden.[10] Daneben fällt auf, dass sich, neben einigen Abkömmlingen alter Kaufmannsfamilien, vor allem solche Personen für die Stiftung finanziell engagierten, deren sozialer Status wesentlich auf dem eigenen oder in zweiter Generation fortgeführten wirtschaftlichen Aufstieg basierte.[11]

4 *Denn an diesem Tag wurde August Lattmann, der auf der linken Säule als „Senator August Lattmann" erwähnt ist, in das Amt des Senators gewählt. Deshalb ist der Hinweis vom Regierungsrat Max Förster in der bereits 1911 veröffentlichten Festschrift „Das Vorlesungsgebäude in Hamburg" verwirrend, die Hamburgische Wissenschaftliche Stiftung habe die Namen ihrer Gründer und Hauptbeförderer an zwei großen Marmortafeln in der Treppenhalle verzeichnet (S. 50). Damit kann eigentlich nur die Auftragserteilung im Juni 1911 gemeint sein (siehe Archiv der Hamburgischen Wissenschaftlichen Stiftung, Hauptbuch 1906–1914, S. 172). Der erste wirklich eindeutige schriftliche Beleg für die Marmortafeln befindet sich in der Publikation des Historikers Max Lenz von 1918 „Für die Hamburgische Universität. Zugleich eine Kritik ihrer Gegner", und zwar auf S. 44: „Und die beiden Marmortafeln in der Vorhalle dieses Hauses mit den Namen derer, welche die Millionen unser ‚Wissenschaftlichen Stiftung' zusammengebracht haben, verkündigen laut, welche Fülle des praktischen Idealismus in unserer Kaufmannschaft lebt."*

5 *Drei Ausnahmen bildeten Gustav Feddersen Max Rieck und Hermann Stoltz. Feddersen überwies erst im August 1908 20.000 Mark, Rieck im April 1908 einen zweiten Teilbetrag von 5.000 Mark und Stoltz seine Spenden von 20.000 und 5.000 Mark im Oktober 1908 bzw. Januar 1911. Dies geht aus dem Hauptbuch 1906–1914 hervor, das sich im Archiv der Hamburgischen Wissenschaftlichen Stiftung befindet. Es listet außerdem noch acht weitere Förderer auf, die 1906/1907 mindestens 10.000 Mark spendeten, jedoch nicht namentlich genannt sind. Dabei handelt es sich um die Kaufleute Louis Des Arts, Carl Illies und Ludwig Lippert (zu diesem vgl. S. 31), den Senator Friedrich Alfred Lappenberg, außerdem um Anna Schütte (die Tochter von Bürgermeister Johannes Versmann), Wilhelmine Wencke, Doris Goldschmidt und die Reederei Knöhr & Burchard Nfl. Schließlich verzeichnet das Hauptbuch für das Jahr 1907 noch drei Förderer – Martin Bromberg, Friederike Brach und den Grundeigentümer Verein zu Hamburg –, die auf der rechten Tafel erwähnt werden; vgl. hierzu die Ausführungen ab S. 78.*

6 *Die Ausführungen dieses Absatzes nach Henning Albrecht: Alfred Beit. Hamburger und Diamantenkönig, Hamburg ^{2}2014 (Mäzene für Wissenschaft; 9), S. 114 ff.*

7 *Die beiden Zitate bei Gustav Schiefler: Eine hamburgische Kulturgeschichte: 1890–1920. Beobachtungen eines Zeitgenossen. Bearbeitet von Gerhard Ahrens, Hans Wilhelm Eckardt und Renate Hauschild-Thiessen, Hamburg 1985, S. 360 und Werner von Melle: Dreißig Jahre Hamburger Wissenschaft: 1891–1921. Rückblicke und persönliche Erinnerungen, Band 1, Hamburg 1923, S. 362.*

8 *Hauptbuch der Hamburgischen Wissenschaftlichen Stiftung 1906–1914: Archiv der Hamburgischen Wissenschaftlichen Stiftung.*

9 *Über den Kurzbiographien dieses (und auch des folgenden) Abschnitts wird zunächst die Bezeichnung wiedergegeben, die sich auf der Marmortafel findet.*

10 *Vgl. auch Helga Krohn: Die Juden in Hamburg (1848–1918), Hamburg 1974, S. 120.*

11 *Michael Werner: Stiftungsstadt und Bürgertum. Hamburgs Stiftungskultur vom Kaiserreich bis in den Nationalsozialismus, München 2011, S. 113.*

Helene Marie Antonie Amsinck

* 8. Februar 1848, Hamburg · † 8. März 1921, Hamburg

Die Tochter des Kaufmanns und Getreidemaklers Gustav Lattmann heiratete 1866 Erdwin Amsinck, den älteren Bruder von Gustav Amsinck. Acht Jahre später kehrte das Ehepaar aus New York nach Hamburg zurück, wo Erdwin Amsinck 1850 die Firma L. E. Amsinck als Agentur der väterlichen Firma Johannes Schuback & Söhne eröffnet hatte. Beide lebten fortan als Privatiers in einem komfortablen Wohnhaus An der Alster 76, in dem Erdwin eine bedeutende Gemäldegalerie anlegte. Das kinderlose Ehepaar reiste viel, so z. B. nach Frankreich und Italien, wo sie diverse Künstler besuchten, außerdem in die Türkei, nach Ägypten, Palästina und Russland. Nach dem Tod Antonie Amsincks 1921 – ihr Mann war bereits 1897 gestorben – wurde aus dem Teil des hinterlassenen Vermögens die Erdwin Amsinck-Stiftung gegründet. Diese existiert noch heute und unterstützt vor allem junge Künstler. Die Gemäldegalerie, deren Wert auf rund 4,5 Millionen Mark geschätzt wurde, erhielt die Hamburger Kunsthalle. Für Jahrzehnte war es das letzte Mal, dass dieser eine geschlossene Privatsammlung vermacht wurde.

Antonie Amsinck (nach 1900)

Amsinck, Oswald R.: Erdwin Amsinck (1826–1897) und seine Stiftung, in: Hamburgische Geschichts- und Heimatblätter 13,5 (1994), S. 113–119 – Art. Amsinck, in: Deutsches Geschlechterbuch 127, Limburg 1961, S. 17–95 – Art. Amsinck, in: Deutsches Geschlechterbuch 205, Limburg 1997, S. 1–33 – Bastek, Alexander: Die Sammlung Erdwin und Antonie Amsinck, in: Luckhardt, Ulrich (Hg.): Private Schätze. Über das Sammeln von Kunst in Hamburg bis 1933, Hamburg 2001, S. 46–51 – Hauschild-Thiessen, Renate: Art. Amsinck, Erdwin, in: Hamburgische Biografie 2, Hamburg 2003, S. 27–28 – Hintze, Otto: Die niederländische und hamburgische Familie Amsinck: ein Versuch einer Familiengeschichte, Teil 3: Von der Mitte des 18. Jahrhunderts bis zur Gegenwart, Hamburg 1932, S. 96–97 – Möring, Maria: 200 Jahre Johannes Schuback & Söhne: 1757–1957. Familie und Firma in Hamburg, Hamburg 1957

Gustav Amsinck

* 24. August 1837, Hamburg · † 8. Juni 1909, New York

Nachdem Gustav Amsinck seine Lehrzeit in der väterlichen Firma Johannes Schuback & Söhne beendet hatte, ging er zur weiteren Ausbildung nach Portugal, Spanien, Frankreich und England. Seit 1857 in New York, arbeitete er bei seinem Bruder Erdwin in dessen Firma L. E. Amsinck. 1861 wurde er dort Teilhaber, nach Erdwins Rückkehr in seine Heimatstadt Hamburg führte Gustav die Firma seit 1874 alleine weiter. Sie wurde 1876 in G. Amsinck & Co. umbenannt. Neben dem Kerngeschäft, dem Zucker- und Kaffeehandel, investierte der Merchantbanker in Innovationen wie Fassreifenpatente, Fertighäuser und war beim Bau des Panamakanals involviert. Schon vor Erdwins Ausscheiden hatte die Firma einen bedeutenden Aufschwung genommen, der sich auch unter neuem Namen fortsetzte. Als Nachfolger seines Bruders wurde Gustav Amsinck 1874 portugiesischer Generalkonsul in New York. Dort engagierte er sich vor allem auf kulturellem Gebiet: So förderte er z. B. das Metropolitan Museum of Art. 1899 erwarb er in Hamburg ein repräsentatives Stadthaus an der westlichen Binnenalster: das Amsinck-Haus, heute Sitz des Übersee-Clubs.

Gustav Amsinck

Art. Amsinck, in: Deutsches Geschlechterbuch 127, Limburg 1961, S. 17–95 – Art. Amsinck, in: Deutsches Geschlechterbuch 205, Limburg 1997, S. 1–33 – Hauschild-Thiessen, Renate: Art. Amsinck, Gustav, in: Hamburgische Biografie 2, Hamburg 2003, S. 29 – Hintze, Otto: Die niederländische und hamburgische Familie Amsinck: ein Versuch einer Familiengeschichte. Dritter Teil: Von der Mitte des 18. Jahrhunderts bis zur Gegenwart, Hamburg 1932, S. 106 ff. – King, Moses: Art. Amsinck, Gustav, in: Notable New Yorkers of 1896–1899. A companion volume to King's Handbook of New York City, New York 1899, S. 202 – Möring, Maria: 200 Jahre Johannes Schuback & Söhne: 1757–1957. Familie und Firma in Hamburg, Hamburg 1957 – Rheinholz, Constanze: Gustav Amsinck. Ein Hamburger Großkaufmann in New York, Hamburg 2011 (Mäzene für Wissenschaft; 11), frei verfügbar über: http://hup.sub.uni-hamburg.de/purl/HamburgUP_MfWFranz Albert Bach (3. Juni 1865, Langendorf † 16. Oktober 1935, Grambek)_Amsinck*

Franz Albert Bach

* 3. Juni 1865, Langendorf · † 16. Oktober 1935, Grambek (Lauenburg)

Als Bauernsohn im thüringischen Langendorf aufgewachsen, absolvierte Franz Bach in Weißenfels eine Maurerlehre und ging anschließend auf die Sächsische Staatsbauschule nach Leipzig, wo er ein Stipendium erhielt. Von dort machte er sich 1885 auf, um mit seiner jungen Familie über Hamburg auszuwandern, blieb dann aber doch in der Hansestadt. Hier errichtete er als selbstständiger Architekt zahlreiche Mietshäuser, Villen, Wohn- und Kontorhäuser und spielte gerade bei der Ausbildung dieses Bautyps eine bedeutende Rolle. Bach, mit kaufmännischem Geschick ausgestattet, erkannte als einer der Ersten die Chancen des Straßendurchbruchs zwischen Rathaus und Hauptbahnhof und sicherte sich in diesem Gebiet große Terrains. Bei der Entstehung der Mönckebergstraße wirkte er seit 1908 mit und prägte entscheidend ihr Erscheinungsbild. So waren die beiden dort zuerst gebauten Gebäude von ihm gestaltet: Der Barkhof, dessen Eigentümer er zugleich war, und das Südseehaus. Auch das 1912/1913 errichtete Levantehaus geht auf ihn zurück. Seit 1891 Hamburger Bürger, engagierte sich Bach vielfach auf sozialem und kulturellem Gebiet.

Franz Bach (um 1935)

Hamburger Nachrichten Nr. 288 (14. Oktober 1935): Nachruf Franz Bach – Hipp, Hermann: Für Gottfried Semper, in: Architektur in Hamburg. Jahrbuch 2003, S. 128–135 – Krause, Carmen: Franz Bach. Architekt und Unternehmer, Hamburg 2010 (Mäzene für Wissenschaft; 8), frei verfügbar über: http://hup.sub.uni-hamburg.de/purl/HamburgUP_MfW08_Bach – Lubitz, Jan: Art. Bach, Franz Albert, in: Hamburgische Biografie 5, Göttingen 2010, S. 31–32 – Schiefler, Gustav: Eine hamburgische Kulturgeschichte: 1890–1920. Beobachtungen eines Zeitgenossen, Hamburg 1985, S. 443, 481 ff. – Seufert, Michael: Levantehaus. Tradition und Moderne, Hamburg 2012

Alfred Beit

* 15. Februar 1853, Hamburg · † 16. Juli 1906, Tewin Water (Großbritannien)

Nach der Ausbildung zum Kaufmann ging der Sohn konvertierter Hamburger Juden 1875 für die Firma D. Lippert & Co. als Diamantenhändler nach Kimberley in Südafrika. 1878 machte er sich selbstständig und bereits ein Jahr später wurde Cecil Rhodes auf ihn aufmerksam. Durch die Ausbeutung südafrikanischer Gold- und Diamantenfelder wurde Alfred Beit in der Folgezeit einer der reichsten Männer seiner Zeit. 1888 errichteten Beit und Rhodes die berühmte De Beers Consolidated Mines Ltd. Diese führte mit anderen Unternehmen das „Compound-System" ein: Lager, die mit Maschendraht überzogen wurden, so dass sie riesigen Käfigen glichen, in denen man die schwarzen Arbeiter hielt. 1888 ließ sich Beit in London nieder und nutzte große Teile seines Vermögens zur Unterstützung verschiedener Wohltätigkeits- und Bildungseinrichtungen. Eine beträchtliche Summe investierte er in seine seit 1888 zusammengetragene Kunstsammlung. Die Hamburgische Wissenschaftliche Stiftung verdankt ihre Gründung einer seiner spektakulärsten Schenkungen: Beits Spende von zwei Millionen Mark bildete den Grundstock ihres Stiftungskapitals. Seit 1898 britischer Staatsbürger, versuchte Beit in den aufkeimenden Konflikten zwischen Kaiserreich und Empire politisch zu vermitteln – erfolglos. Zur Erinnerung an Beit wurde 1967 in Harvestehude ein Weg nach ihm benannt.

Alfred Beit (1905)

Albrecht, Henning: Alfred Beit. Hamburger und Diamantenkönig, Hamburg ²2015 (englische Übersetzung: Hamburg 2012) (Mäzene für Wissenschaft; 9), frei verfügbar über: http://hup.sub.uni-hamburg.de/purl/HamburgUP_MfW09_Beit – Ders.: Diamanten, Dynamit und Diplomatie: Die Lipperts. Hamburger Kaufleute in imperialer Zeit, Hamburg 2018, frei verfügbar über: http://hup.sub.uni-hamburg.de/purl/HamburgUP_MfW20_Lipperts – Beit, Alfred; Lockhart, John Gilbert: The will and the way, being an account of Alfred Beit and the trust which he founded, 1906–1956, London 1958 – Fort, Georg Seymour: Alfred Beit. A Study of the Man and his Work, London 1932 – Marx, Christoph: Südafrika. Geschichte und Gegenwart, Stuttgart 2012, S. 133.

Dr. Georg Hermann Friedrich Blohm

* 21. Mai 1866, La Guaira (Venezuela) · † 27. Juni 1926, Hamburg

Georg Blohm, Neffe des Werftgründers Hermann Blohm, war der Sohn von Georg Heinrich Blohm, dem Mitbegründer der Firmen G. H. und L. F. Blohm zu Hamburg und Blohm & Co. in Venezuela. Er arbeitete in der Hansestadt seit 1895 mit Eduard Hallier als Rechtsanwalt in eigener Kanzlei und war mit dem Notar David Friedrich Weber befreundet. Wie dieser war er ein passionierter Graphiksammler. Außerdem besaß er eine umfangreiche Sammlung von Handzeichnungen (u. a. Caspar David Friedrich, Käthe Kollwitz, Paula Modersohn-Becker und Emil Nolde), wobei hier der Schwerpunkt bei hamburgischen Zeichnungen der ersten Hälfte des 19. Jahrhunderts lag (u. a. Leopold Graf von Kalckreuth, Franz Nölken und Anita Rée). Blohm trat nur selten öffentlich auf und war nach außen hin kaum als Sammler bekannt.

Art. Blohm, in: Deutsches Geschlechterbuch 205, Limburg 1997, S. 67–136 – Auktions-Katalog XXXIV: Sammlung Dr. Georg Blohm † Hamburg. Einführung von Dr. Victor Dirksen. Versteigerung vom 7. bis 10. November 1927 durch die Galerie Commeter, Hamburg 1927 – Luckhardt, Ulrich: Kleines Lexikon der Hamburger Kunstsammler, in: ders. (Hg.): Private Schätze. Über das Sammeln von Kunst in Hamburg bis 1933, Hamburg 2001, S. 217 – Schambach, Siegrid: Art. Hallier, Eduard, in: Hamburgische Biografie 4, Göttingen 2008, S. 129–130 – Schiefler, Gustav: Eine hamburgische Kulturgeschichte: 1890–1920. Beobachtungen eines Zeitgenossen, Hamburg 1985, S. 135

Dr. h. c. Adolph Hermann Blohm

* 23. Juni 1848, Lübeck · † 12. März 1930, Hamburg

Hermann Blohm

Nach der Lehrzeit in Lübeck und Bremen besuchte Hermann Blohm die Höheren Technischen Lehranstalten in Hannover, Zürich und Berlin zum Studium der Ingenieurwissenschaften und machte Anfang 1872 Examen. 1873 ging er für drei Jahre nach England, bevor er 1877 mit dem Ingenieur Ernst Voss die Werft Blohm & Voss gründete (zunächst „Kuhwärder Schiffswerft"). Diese entwickelte sich nach schweren Anfangsjahren bis 1914 durch ihre Bauten für die deutsche Handelsmarine, vor allem für die HAPAG, und für die kaiserliche Marine zu einer weltbekannten Firma. Bereits 1882 führte Blohm auf seiner Werft eine betriebliche Krankenkasse ein, wohl auch, um dort die Position der aufstrebenden Arbeiterbewegung, deren entschiedener Gegner er war, zu schwächen. Blohm war Mitglied, Initiator und Vorsitzender einer Vielzahl von Wirtschaftsgremien und Industrieverbänden. Seit 1977 trägt in Steinwerder eine Straße den Namen Blohms.

Asmussen, Georg (Hg.): Ernst Voß. Lebenserinnerungen und Lebensarbeit des Mitbegründers der Schiffswerft von Blohm & Voß, Berlin 1924 – Art. Blohm, in: Deutsches Geschlechterbuch 205, Limburg 1997, S. 67–136 – Küttner, Sibylle: Art. Blohm, Adolph Hermann, in: Hamburgische Biografie 3, Göttingen 2006, S. 45–47 – Mertelsmann, Olaf: Zwischen Krieg, Revolution und Inflation. Die Werft Blohm & Voss 1914–1923, München 2003 – Prager, Hans G.: Blohm + Voss. Schiffe und Maschinen für die Welt, Herford 1977 – Schröder, Hans Joachim: Hermann Blohm. Gründer der Werft Blohm & Voss (Mäzene für Wissenschaft; 10), frei verfügbar über: http://hup.sub.uni-hamburg.de/purl/HamburgUP_MfW10_Blohm – Witthöft, Hans Jürgen: Tradition und Fortschritt. 125 Jahre Blohm & Voss, Hamburg 2002

Luise Friederike Bohlen

* 21. Dezember 1853, Hamburg · † 15. März 1949, Hamburg

Luise Bohlen

Die Tochter des Großkaufmanns und Reeders Carl Woermann heiratete 1877 Eduard Bohlen. Dieser trat 1880 als Teilhaber in die Firma C. Woermann ein. 1884 wurde er Vorstand der Woermann-Linie, später dann Direktionsmitglied der Deutschen Ostafrika-Linie. Von 1892 bis 1900 war Eduard Bohlen Generalkonsul des Kongostaates in Hamburg. Nach der Heirat wohnten Luise und Eduard Bohlen zunächst am Schweinemarkt 47b, seit 1881 dann in der Armgartstraße 12. 1892 zogen sie nach Harvestehude in die Badestraße 42 um. Dort blieb Luise auch nach dem Tod ihres Mannes (1901) wohnen. Der Ehe entstammten vier Kinder: Margarethe, Thekla, Melita und Lothar. Luise Bohlen engagierte sich in vielfältiger Weise für soziale, wissenschaftliche sowie kulturelle Zwecke und gehörte dem Kreis um Kunsthallendirektor Alfred Lichtwark an.

Art. Woermann, in: Deutsches Geschlechterbuch 142, Limburg 1966, S. 461–483 – Hintze, Otto: Geschichte des Geschlechts Bohlen aus Lehe (Wesermünde), Hamburg 1927, S. 80 ff. – Vogel, Johannes: Diplomatische und konsularische Vertretungen fremder Staaten in Hamburg 1870–1929. Zusammengestellt nach den hamburgischen Staatshandbüchern, Hamburg 1986, S. 48

EDUARD HEINRICH EMIL WILHELM BREYMANN

* 21. Juli 1845, Oker (Goslar) · † 26. April 1932, Hamburg

WILHELM Breymann kam 1874 nach Hamburg und eröffnete unter seinem Namen ein Mineralschmieröl-Import- und Maschinen-Exportgeschäft. 1877 nahm er Friedrich Wilhelm Hübener in seine Firma auf, die seitdem Breymann & Hübener hieß. Diese exportierte u. a. Salpeterfabriken, Lokomotiven und landwirtschaftliche Maschinen. Daneben kümmerte sich Breymann auch um die Förderung technischer Innovationen. In den 1890er Jahren trat Hübener wieder aus der Firma aus und Breymann war fortan bis 1915 deren alleiniger Inhaber. In diesem Jahr nahm er Walther Nöhring als Geschäftsführer und Teilhaber in die Firma auf, die seit 1913 als GmbH organisiert war. Nach Ausbruch des Ersten Weltkrieges konzentrierte sich diese auf den Import von Mineralschmierölen (Meteor). Bereits 1903 erschien eine Schrift Breymanns, in der er für Hamburg die Gründung einer Handelshochschule forderte, sich jedoch gegen die Errichtung einer Universität aussprach.

Wilhelm Breymann (1905)

Breymann, Wilhelm: Bildung und Aufgaben des Großkaufmanns, Hamburg [2]1903 – Breymann & Hübener, in: Das Buch der alten Firmen der Freien und Hansestadt Hamburg, Leipzig [1930], S. IV 17 – Eckstein, Julius (Hg.): Breymann & Hübener, in: Historisch-biographische Blätter. Der Staat Hamburg. 15. Lieferung, Berlin, Hamburg, Wien 1905/06 – Hamburger Adressbuch, verschiedene Jahrgänge

Anton Gerhard Albert Bruns

* 28. Februar 1859, Brake (Wesermarsch) · † 22. März 1914, Hamburg

Gerhard Bruns war zusammen mit Generalkonsul August Goßmann Teilhaber der 1830 gegründeten Lübecker Holzgroß- und Importhandlung Goßmann & Jürgens, die auch Hobel- und Sägewerke betrieb. 1912 betrug sein Vermögen 1,6 Millionen Mark. Er war mit Anna Charlotte Sophie, geborene Heidenreich, verheiratet und wohnte von 1905 bis 1913 im Harvestehuder Weg 19.

Hamburger Adressbuch, verschiedene Jahrgänge – Martin, Rudolf: Jahrbuch des Vermögens und Einkommens der Millionäre in den drei Hansestädten, Berlin 1912, S. 39

Gerhard Julius Cords

* 28. Januar 1834, Hamburg · † 17. Oktober 1914, Hamburg

Julius Cords erlernte im väterlichen Betrieb als Kommis den Beruf des Weinhändlers. Nachdem er 1859 das Hamburger Bürgerrecht erworben hatte, wurde er ein Jahr später Teilhaber der 1765 errichteten Weinhandlung D. A. Cords Söhne, die sich in der Catharinenstraße 10 befand. 1890 schied er aus dem Geschäft aus, um die Privatbank Gerhard Julius Cords zu gründen. Seit 1897 wohnte er in der Moorweidenstraße 18, wo heute die Fakultät für Betriebswirtschaft der Universität Hamburg ihren Sitz hat.

Hamburger Adressbuch, verschiedene Jahrgänge - Hamburgs Handel und Verkehr. Illustriertes Export-Handbuch der Börsenhalle 7 (1909/11), Hamburg, S. I 61 – Patow, Otto: Aus dem Leben eines Alltagsmenschen. Eine Sonntagsarbeit, Hamburg 1918/20 [Privatdruck], S. 152 ff. –Verzeichnis der in das Handelsregister und in das Genossenschaftsregister des Amtsgerichts Hamburg eingetragenen Firmen nach dem Stande vom 15. Januar 1906. Zusammengestellt auf Grund der amtlichen Register, herausgegeben vom Amtsgericht Hamburg, Hamburg 1906, S. 120

Eduard Craass

* 12. November 1861, Hamburg · † um 1930

Nach dem Tod des Vaters 1885 wurde Eduard Craass Mitinhaber der Zigarrenfabrik E. Craas & Co. an der Zollenbrücke 5 und blieb dies bis 1894. Seitdem war er als „Makler in Drogen und Chemikalien" tätig und alleiniger Inhaber der Import- und Exportfirma Eduard Craass, die ihren Geschäftssitz zunächst in der Deichstraße 7, dann in der Catharinenstraße 38/39, später am Plan 10 und seit 1909 in der Rathausstraße 29/31 hatte. 1912 wurde sein Vermögen auf 1,8 Millionen Mark geschätzt. Seit 1926 betätigte sich Craass' Firma auch im Bereich Finanzierungen, Hypotheken und Immobilien. Craass wohnte zusammen mit seiner Frau Lydia Adolphine, geborene Deppermann, seit 1910 am Rondeel 15.

Hamburger Adressbuch, verschiedene Jahrgänge – Martin, Rudolf: Jahrbuch des Vermögens und Einkommens der Millionäre in den drei Hansestädten, Berlin 1912, S. 36 – Verzeichnis der in das Handelsregister und in das Genossenschaftsregister des Amtsgerichts Hamburg eingetragenen Firmen nach dem Stande vom 15. Januar 1906. Zusammengestellt auf Grund der amtlichen Register, herausgegeben vom Amtsgericht Hamburg, Hamburg 1906, S. 122

Ludwig Wulf Gustav Theodor Diederichsen

* 4. Juli 1852, Kiel · † 5. Mai 1924, Hamburg

Nach Beendigung der kaufmännischen Lehre in Hamburg ging Gustav Diederichsen nach Brasilien und wurde 1872 Angestellter der Firma Wille, Schmilinsky & Co. in Rio de Janeiro. Drei Jahre später, 1875, wurde sein Bruder Carl Diederichsen Gesellschafter der Firma Theodor Wille in Hamburg. Diese verfügte 1885 über ein Betriebskapital von etwa zwei Millionen Mark und zählte zu den bedeutendsten Handelshäusern der Hansestadt. Bei den Importen handelte es sich in erster Linie um Kaffee – die Firma finanzierte in Brasilien u. a. auch Kaffeeplantagen –, exportiert wurden vor allem Maschinen sowie Manufaktur- und Stapelwaren. Gustav Diederichsen kehrte 1887 nach Hamburg zurück und avancierte zum Teilhaber des Hamburger Hauses. Dessen Leitung lag nach dem Tod des Firmengründers Theodor Wille seit 1892 in den Händen der beiden Diederichsen-Brüder. Neben der Tätigkeit bei Theodor Wille war Gustav Diederichsen Vorsitzender des Aufsichtsrates der Waaren-Commissions-Bank in Hamburg und Mitglied in einer Reihe von weiteren Aufsichtsräten. Er hinterließ ein Drittel seines Erbes der G. Diederichsen Stiftung zur Förderung wohltätiger und gemeinnütziger Zwecke, auch die Hamburgische Wissenschaftliche Stiftung erhielt eine (weitere) Zuwendung von 24.000 Mark aus dem Testament ihres Mitbegründers.

Gustav Diederichsen (um 1905)

Art. Diederichsen, Carl, in: Deutsche Biographische Enzyklopädie 2, München, New Providence, London u. a. 1995, S. 515 – Art. Theodor Wille, in: Industrielle: Vertreter deutscher Arbeit in Wort und Bild. Biographische Sammlung, Berlin 1915 – Eckstein, Julius (Hg.): Theodor Wille, in: Historisch-biographische Blätter. Der Staat Hamburg. 15. Lieferung, Berlin, Hamburg, Wien 1905/06 – Hamburger Nachrichten Nr. 210 (6. Mai 1924): Gustav Diederichsen † – Muziol, Roman: Art. Diederichsen, Carl Heinrich Wilhelm Theodor, in: Neue Deutsche Biographie 3, Berlin 1957, S. 639–640 – Zimmermann, Siegfried, Theodor Wille 1844–1969, Hamburg 1969, S. 74

Leopold Durlacher

* 3. Juli 1855, Kippenheim · † 15. September 1921, Hamburg

Leopold Moritz Durlacher

* 9. Dezember 1870, Kippenheim · † 5. Oktober 1932, Hamburg

Die Brüder Moritz, Simon und Leopold Durlacher waren Inhaber der von ihrem Vater Samuel gegründeten Weinhandelsfirma Gebrüder Durlacher im badischen Kippenheim. 1884 ließen sich Simon und Leopold in Hamburg nieder und errichteten dort die Sociedad Vinicola S. & L. Durlacher, die schon bald Niederlassungen im spanischen Tarragona und in London eröffnete. 1892 – nachdem auch Moritz in die Hansestadt übergesiedelt war – wurde die Kippenheimer Mutterfirma ins Hamburger Handelsregister eingetragen. Die Firma Gebrüder Durlacher hatte ihren Geschäftssitz in Steinwerder an der Ecke Kupferdamm/Norderelbstraße und organisierte u .a. den Generalvertrieb des Bieres Eberl-Bräu aus der Münchener Actienbrauerei zum Eberl-Faber. In Hamburg fanden die Durlacher-Brüder allmählich Zugang zu den Kreisen des jüdischen Bürgertums: 1892 gehörte Leopold Durlacher zu einer Gruppe Hamburger Juden, die zur Errichtung der Dammtorsynagoge aufriefen, welche dann 1895 eingeweiht wurde. Moritz Durlacher engagierte sich in einer Reihe von Vereinen. Nach seinem Tod folgte ihm sein ältester Sohn Leopold Moritz als Gesellschafter der Firma Gebrüder Durlacher. Er gehörte dem ersten Vorstand des am 1. Dezember 1918 gegründeten Jüdischen Schulvereins an, ebenso der Deputation des Deutsch-Israelitischen Waiseninstitutes, dessen Vorsitzender über viele Jahre Max Warburg war.

Lorenz, Ina: Die Juden in Hamburg zur Zeit der Weimarer Republik. Eine Dokumentation, 2 Bände, Hamburg 1987, S. 236, 1442 – Schellinger, Uwe: Wein, Wohltätigkeit und sozialer Aufstieg. Die Geschichte der jüdischen Familie Durlacher aus Kippenheim, in: Die Ortenau. Zeitschrift des Historischen Vereins für Mittelbaden 85 (2005), S. 379–400 – Verzeichnis der in das Handelsregister und in das Genossenschaftsregister des Amtsgerichts Hamburg eingetragenen Firmen nach dem Stande vom 15. Januar 1906. Zusammengestellt auf Grund der amtlichen Register, herausgegeben vom Amtsgericht Hamburg, Hamburg 1906, S. 153

Julius Carl Ertel

* 2. Juni 1846, Breslau · † 2. März 1922, Hamburg

Julius Ertel

Aus Breslau stammend, kam Julius Ertel im Alter von 26 Jahren in die Hansestadt und gründete dort 1872 zusammen mit Rudolph Bieber die Firma Ertel, Bieber & Co. Diese betrieb die Kommissionsgeschäfte mit verschiedenen Waren und importierte schwefelreichen spanischen Kies nach Deutschland – eine Tätigkeit, die 1881 zur Gründung der eigenen Kupferhütte Ertel, Bieber & Co. in Hamburg führte. 1891 baute diese in Wilhelmsburg an der heutigen Julius-Ertel-Straße Wohnhäuser für ihre Arbeiter. Ertel war Mitglied in zahlreichen Aufsichtsräten, u. a. dem der Deutschen Dampfschiffahrts-Gesellschaft Kosmos, der Anglo-Continentalen (vormals Ohlendorff'schen) Guano-Werke und der Vereinsbank in Hamburg, welchem er von 1913 bis 1922 vorstand. Als Kunstliebhaber besaß Ertel eine Reihe von Gemälden, u. a. von Max Liebermann, und förderte junge Maler. Außerdem engagierte er sich in öffentlichen Ämtern: So gehörte er von 1887 bis 1892 der Handelskammer und von 1893 bis 1899 der Hamburger Finanzdeputation an.

Eckstein, Julius (Hg.): Ertel, Bieber & Co., in: Historisch-biographische Blätter. Der Staat Hamburg, 7. Lieferung, Berlin, Hamburg, Wien 1905/06 – Mathies, Otto: Hamburgs Reederei 1814–1914, Hamburg 1924, S. 107, 117 – Matthies, Walther: Vereinsbank in Hamburg. Biographien der Aufsichtsrats- und Vorstandsmitglieder seit der Gründung der Bank im Jahre 1856, Hamburg 1970, S. 61 f., 161 f. – Schröder, Hans Joachim: Julius Carl Ertel. Ein Hamburger Industrieller, Hamburg 2017 (Mäzene für Wissenschaft; 19), frei verfügbar über: http://hup.sub.uni-hamburg.de/purl/HamburgUP_MfW19_Ertel

Gustav Feddersen

* 10. November 1851, Hamburg · † 30. April 1936, Porto Alegre (Brasilien)

Gustav Feddersen, in Hamburg geboren, ging 1871 nach Brasilien. 1882 heiratete er dort die Londonerin Auguste Louise Ellen Berg, die in den folgenden Jahren acht Kinder zur Welt brachte. Feddersen war Mitinhaber der Firma Feddersen, Thomsen & Co., die Niederlassungen im südbrasilianischen Rio Grande do Sul und in New York hatte und im Handelsgeschäft zwischen Brasilien, den USA und Deutschland tätig war. In späteren Jahren erwarb er ein Haus in Aumühle, das Hamburger Adressbuch von 1907 gibt als Wohnsitz die Bellevue 27 an.

Hamburger Adressbuch, verschiedene Jahrgänge

Dr. Wilhelm Martin von Godeffroy

* 9. April 1834, Hamburg · † 29. November 1904, Lehmkuhlen (Plön)

Wilhelm Godeffroy – der jüngere Sohn von Carl Godeffroy, des Ministerresidenten der drei Hansestädte am russischen Hof in St. Petersburg – studierte Jura in Bonn, wurde zum Dr. jur. promoviert und war einige Zeit als Advokat in Hamburg zugelassen. Nach dem Tod seiner Mutter Marianne, geborene Jenisch, wurde er 1871 Erbe eines beträchtlichen Vermögens. Wilhelm war der Vetter Johan Cesar VI. Godeffroys, hatte sich allerdings 1879 bei der Liquidation des Handelshauses J. C. Godeffroy & Sohn nicht bereit erklärt, die fehlenden Gelder zur Rettung der maroden Firma aufzubringen. Er übernahm jedoch das Museum Godeffroy mit seiner bedeutenden Südseesammlung. Diese wollte er der Stadt Hamburg unter bestimmten Voraussetzungen schenken, was indes scheiterte. 1901 wurde Godeffroy in den erblichen preußischen Adelsstand erhoben. Als er 1904 starb, war er einer der reichsten Männer Deutschlands, der ein Vermögen von fast 50 Millionen Mark hinterließ. Die mit einem Teil hiervon begründete Dr. Wilhelm Martin von Godeffroy-Familien-Fideikommiss-Stiftung trat 1905 ins Leben.

Wilhelm von Godeffroy

Deecke, Kai: Die Familie Godeffroy in Hamburg: Darstellungen von Bildern aus sechs Generationen. Aus Anlass der 200. Wiederkehr des Geburtstages von Johan Cesar Godeffroy am 1. Juli 2013, Hamburg 2013 [Privatdruck], S. 31 f., 69 – Gossler, Claus: Œuvre und Ökonomie eines zugereisten Architekten. Auguste de Meuron (1813–1898) und seine Kundschaft aus der „haute volée" Hamburgs, in: Hamburger Wirtschafts-Chronik 2 (2001/2002), S. 95–163, vor allem S. 109 – Hoffmann, Gabriele: Das Haus an der Elbchaussee. Die Godeffroys - Aufstieg und Niedergang einer Dynastie, Hamburg 1998, S. 204, 448 f. – Johannsen, Werner: Wer sie waren … wo sie ruhen. Ein Wegweiser zu bemerkenswerten Grabstätten auf dem Friedhof Nienstetten, Kiel [3]2004, S. 98–100 – Kranz, Helene: Das Museum Godeffroy: 1861–1881. Naturkunde und Ethnographie der Südsee. Jenisch-Haus Hamburg, 15. November 2005 bis 14. Mai 2006, Hamburg 2005, S. 27 – Möring, Maria: Die Hugenottenfamilie Godeffroy, Hamburg 1990, S. 14, 28, 34

Albert Nordheimer Hallgarten

* 12. Februar 1870, New York · † 18. Januar 1931, auf dem Hauptfriedhof Frankfurt am Main beigesetzt

Albert Hallgartens Großvater Lazarus war um 1845 aus Mainz nach New York ausgewandert und hatte dort das Bankhaus L. Hallgarten & Co. gegründet. Dieses erlebte in den 1870er Jahren einen gewaltigen Aufstieg. 1884, nach dem Tod seines Vaters Julius, ging Albert Hallgarten mit anderen Familienmitgliedern nach Deutschland, behielt allerdings die amerikanische Staatsangehörigkeit. Gemeinsam mit seiner Mutter Mathilda, geborene Bauer, lebte er in Hamburg in der Rothenbaumchaussee 19. Seit 1899 wohnte er dann mit seiner Ehefrau Hedwig, geborene Rée, und seinen beiden Kindern Mercedes und Julius an der Schönen Aussicht 12. Hallgarten war in der Hansestadt als Importkaufmann tätig, außerdem war er von 1907 bis 1914 königlich-serbischer Generalkonsul. 1912 wurde sein Vermögen auf 2 Millionen Mark geschätzt. Während des Ersten Weltkrieges verließ er Hamburg Richtung Holland, nachdem er sich 1915 von seiner Frau hatte scheiden lassen. Seit 1925 arbeitete er dann vermutlich im New Yorker Bankhaus der Familie. Hallgarten bekannte sich ursprünglich zur jüdischen Religion, scheint diese Bindung jedoch in späteren Lebensjahren gelockert zu haben. Er gehörte zur Erbengemeinschaft, in deren Eigentum 1925 die Immobilie an der Rothenbaumchaussee 19 überging. Diese wurde 1935 für 40.000 Mark an die Lehrervereinshaus GmbH für die Abteilung Wirtschaft und Recht im Nationalsozialistischen Lehrerbund veräußert. 1954 wurde das Haus an die Gewerkschaft Erziehung und Wissenschaft übertragen, die es wiederum 2013 für 2,5 Millionen Euro an das jüdische Bildungszentrum Chabad e.V. verkaufte und zugleich der Jüdischen Gemeinde Hamburg 400.000 Euro spendete.

Berlin, Jörg: Ro 19. „Arisierung" in Hamburg? Zum Streit um das Haus Rothenbaumchaussee 19 („Ro 19"). Eine Kritik an den Thesen von Bernhard Nette, Hamburg 2011, S. 132 f. – Nette, Bernhard; Romey, Stefan: Die Lehrergewerkschaft und ihr „Arisierungserbe". Die GEW, das Geld und die Moral, Hamburg 2010, S. 34 ff. – Vogel, Johannes: Diplomatische und konsularische Vertretungen fremder Staaten in Hamburg 1870–1929. Zusammengestellt nach den hamburgischen Staatshandbüchern, Hamburg 1986, S. 83

Dr. Rudolf Hardy

* 18. Dezember 1849, Hamburg · † 1. August 1910, Hamburg

Rudolf Hardy

Sowohl Rudolf Hardy als auch seine Frau Alice, geborene Sander, entstammten jüdischen Familien, konvertierten aber beide zum Christentum. Nach dem Studium der Chemie, das er – wie es an einigen Universitäten im 19. Jahrhundert üblich war – als Doktor der Philosophie abschloss, wurde er 1879 Mitbegründer des Bankhauses Hardy & Hinrichsen. In den folgenden Jahrzehnten gehörte dieses zu den wenigen Privatbanken, die gegen die immer stärker werdende Konkurrenz der Aktienbanken bestehen konnten. Die Bank fungierte vor allem als Zahlstelle für Coupons und Dividendenscheine und stand mit der Norddeutschen Bank in enger Verbindung. Für das Jahr 1906 ist Hardy als alleiniger Inhaber genannt, dem als Prokuristen Albert Müller und Robert Götz zur Seite standen. Hardy gehörte außerdem dem Aufsichtsrat der Deutschen Ostafrika-Linie an und war von 1884 bis 1905 türkischer Generalkonsul in Hamburg. Sein Wohlstand erlaubte es ihm, in seiner „Elbparkvilla" (früher: Elbchaussee 5) im großen Rahmen Kunstwerke und Antiquitäten zu sammeln.

Eckstein, Julius (Hg.): Hardy & Hinrichsen, in: Historisch-biographische Blätter. Der Staat Hamburg, 6. Lieferung, Berlin, Hamburg, Wien 1905/06 – Jahrbuch der Hamburger Börse sowie Bremen und Hannover. Ausgabe 1900/1901. Handbuch der Aktien-Gesellschaften von Hamburg, Bremen, Lübeck, Schleswig-Holstein, Hannover, Oldenburg und Mecklenburg, Leipzig [9]1900, S. 178 – Johannsen, Werner: Wer sie waren … wo sie ruhen. Ein Wegweiser zu bemerkenswerten Grabstätten auf dem Friedhof Nienstedten, Kiel [3]2004, S. 104–105 – Werner, Michael: Stiftungsstadt und Bürgertum. Hamburgs Stiftungskultur vom Kaiserreich bis in den Nationalsozialismus, München 2011, S. 113

Carl August Heckscher

* 27. August 1848, Hamburg · † 26. April 1941, Mountain Lake (Florida)

Bereits mit 19 Jahren, 1867, wanderte der Sohn konvertierter Hamburger Juden in die USA aus. Zwei Jahre zuvor war sein Vater, der bekannte Hamburger Anwalt, Paulskirchenabgeordnete und Reichsjustizminister Moritz Heckscher, gestorben. Zunächst arbeitete August Heckscher in der Steinkohlenmine seines Cousins Richard Heckscher, dann gründete er mit diesem die Firma Richard Heckscher & Company. Später wandte sich August Heckscher der Zinkgewinnung zu und etablierte die Zinc and Iron Company, wo er den Posten des Vizepräsidenten übernahm. 1897 vereinigte sich diese mit anderen Gesellschaften zur New Jersey Zinc Company, deren Manager Heckscher wurde. 1904 begründete er die Vermont Copper Company, die er als Präsident führte. Auch in zahlreichen weiteren Gesellschaften fungierte er als Präsident, u. a. in der Anahama Realty Corporation, die in New York mit Grundeigentum und Immobilien handelte. Heckscher engagierte sich sowohl sozial, als auch im kulturellen und wissenschaftlichen Bereich: So entwickelte er in New York City Modellunterkünfte für bedürftige Kinder. In Huntington erwarb er den später nach ihm benannten Heckscher State Park und ließ dort 1919 ein Kunstmuseum errichten, das heutige Heckscher Museum of Arts, für das er 185 Kunstwerke aus verschiedenen Epochen spendete. 1922 vermachte er der Hamburgischen Wissenschaftlichen Stiftung einen Betrag von zehn Millionen Mark, verbunden mit der Auflage, diese Zuwendung unter der Bezeichnung Dr. Moritz Heckscher Fonds gesondert vom sonstigen Stiftungsvermögen zu verwalten.

August Heckscher

Klötzer, Wolfgang, Art. Heckscher, Moritz, in: Neue Deutsche Biographie 8, Berlin 1969, S. 186 – Melle, Werner, von: Dreißig Jahre Hamburger Wissenschaft: 1891–1921. Rückblicke und persönliche Erinnerungen, Band 1, Hamburg 1923, S. 405 – Spengler, Otto (Hg.): Das deutsche Element der Stadt New York. Biographisches Jahrbuch der Deutsch-Amerikaner New Yorks und Umgebung, [Brooklyn] 1913, S. 128 f. – The New York Times Vol. 90, Nr. 30, 409 (27. April 1941): August Heckscher dies in sleep at 92

Robert Woldemar Heidmann

* 23. September 1858, Hamburg · † 7. Juni 1914, Wismar

Nach Beendigung der Schule widmete sich Robert Heidmann dem kaufmännischen Beruf und verbrachte längere Zeit in Frankreich und England. Er übernahm 1887 zusammen mit seinem Bruder John Henry Heidmann das von seinem Vater 1848 gegründete Steinkohlen-Importgeschäft H. W. Heidmann, mit dem auch eine Reederei verbunden war. Drei eigene Kohlendampfer liefen nach England und Schottland, die Firma hatte u. a. in Altona und Berlin sowie im britischen Hull Niederlassungen. Seit dem Tod des Bruders 1908 war Heidmann alleiniger Firmeninhaber. 1904 kam er in die Hamburgische Bürgerschaft, der er bis 1909 als Mitglied der Fraktion der Rechten angehörte. 1909 zum Senator gewählt, übte er dieses Amt bis zu seinem Tod 1914 aus. Heidmann war stellvertretender Präses der Deputation für Handel, Schiffahrt und Gewerbe. Bei der Universitätsdebatte in der Bürgerschaft im Oktober 1913 trat er für die Errichtung einer Universität ein.

Robert Heidmann

Hamburger Fremdenblatt Nr. 67 (20. März 1909): Senatswahl – Hamburger Nachrichten Nr. 262 (8. Juni 1914): Nachruf Robert Heidmann – Melle, Werner von: Dreißig Jahre Hamburger Wissenschaft: 1891–1921. Rückblicke und persönliche Erinnerungen, Band 1, Hamburg 1923, S. 405; Band 2, Hamburg 1924, S. 229, 273 ff. – Neue Hamburger Zeitung Nr. 262 (8. Juni 1914): Nachruf Robert Heidmann – Schiefler, Gustav: Eine hamburgische Kulturgeschichte: 1890–1920. Beobachtungen eines Zeitgenossen, Hamburg 1985, S. 41 – Werner, Michael: Stiftungsstadt und Bürgertum. Hamburgs Stiftungskultur vom Kaiserreich bis in den Nationalsozialismus, München 2011, S. 213, 238

Ferdinand Kugelmann

* 23. Mai 1840, Fritzlar · † 25. Juli 1915, Hamburg

Ferdinand Kugelmann, geboren im nordhessischen Fritzlar, machte sich, nachdem er in den 1860er Jahren in Hamburg für die Firmen H. C. Meyer und Heinrich Ad. Meyer tätig gewesen war, 1871 unter dem Namen Ferd. Kugelmann selbstständig. Die Firma (ab 1892: Ferd. Kugelmann GmbH) betrieb Im- und Exportgeschäfte. Bei den Importen handelte es sich vor allem um Elfenbein, Perlen, Kaffee und Hanf. Exportiert wurde nach Afrika, Australien, Indien und vor allem nach Lateinamerika, und zwar u. a. Baumaterialien, Glaswaren, Lebensmittel und Maschinen. Von 1881 bis 1885 war Kugelmann Konsul der Argentinischen Republik, von 1902 bis 1915 Konsul von Guatemala in Hamburg. Er engagierte sich nicht nur für die Hamburgische Wissenschaftliche Stiftung, sondern konzipierte auch die 1907 eingeweihte Reitbahn an der Rothenbaumchaussee. Bereits 1900 hatte er mit dem Rechtsanwalt Ami Kaemmerer den Hamburger Reitverein gegründet. Kugelmann starb als Dissident: Nach seinem Austritt aus der jüdischen Gemeinde war er nicht zum Christentum übergetreten.

Ferdinand Kugelmann

Hauschild-Thiessen, Renate: Ferdinand Kugelmann (1840–1915), Mitbegründer der Hamburgischen Wissenschaftlichen Stiftung, und das Ende seiner Familie, in: Hamburgische Geschichts- und Heimatblätter 14 (2002), S. 222–241 – Niemeyer, E.: Das Reitfest in der neuen Reitbahn Rotherbaum, in: Hamburger Woche Nr. 17 (24. April 1907), S. 10–11 – Schmook, Matthias: Der Untergang der Mäzen-Familie Kugelmann, in: Hamburger Abendblatt Nr. 301 (27. Dezember 2002), S. 22

Sophie Christine Laeisz

* 30. Juni 1831, Hamburg · † 12. Februar 1912, Hamburg

Sophie, die fünfte Tochter des Schiffsmaklers Christian Ludwig Knöhr, heiratete 1852 den Reeder, Kaufmann und Assekuradeur Carl Laeisz. Nach seinem Tod 1901 blieb sie Inhaberin von dessen Firma F. Laeisz. In der Folgezeit kümmerte sie sich um die Erziehung ihrer beiden Enkel, die nach dem frühen Tod ihres Sohnes Carl Ferdinand im Jahr 1900 verwaist waren. Sophie Laeisz war sowohl in sozialer Hinsicht wie auch im Bereich der Kultur sehr aktiv: Die 1901 gegründete Sophie-Laeisz-Stiftung unterhielt das bereits 1860 errichtete F. Laeisz-Stift in St. Pauli, welches bedürftigen Personen Unterkunft bot. Im gemeinschaftlichen Testament der Eheleute war bestimmt, dass 1,2 Millionen Mark zur Erbauung einer Musikhalle in Hamburg gespendet werden sollten. Dessen Umsetzung veranlasste Sophie schon kurz nach dem Tod ihres Mannes und stockte die Bausumme auf zwei Millionen Mark auf. Nach der Eröffnung 1908 wurde das Gebäude schnell zum Zentrum des Hamburger Konzertlebens.

Sophie Laeisz

Gerhardt, Johannes: Sophie Christine und Carl Heinrich Laeisz: Eine biographische Annäherung an die Zeiten und Themen ihres Lebens, Hamburg 2007 (Mäzene für Wissenschaft; 2), frei verfügbar über: http://hup.sub.uni-hamburg.de/purl/HamburgUP_MfW02_Laeisz – Hamburger Abendblatt Nr. 186 (13. August 1986): Familie Laeisz – stets mit Alsterblick – Hamburger Fremdenblatt Nr. 28 (3. Februar 1912): Nachruf Sophie Laeisz – Hamburgischer Correspondent Nr. 60 (2. Februar 1912): Nachruf Sophie Laeisz – Ostersehlte, Christian: Art. Laeisz, Carl Heinrich, in: Hamburgische Biografie 6, Göttingen 2012, S. 177 – Pielhoff, Stephen: Musikmäzenatentum und Stadtrepräsentation. Zur Finanzierungsgeschichte von Konzert- und Opernhausbauten vom Kaiserreich bis heute, in: Informationen zur modernen Stadtgeschichte 2 (2008), S. 16–30, vor allem S. 21 f. – Prager, Hans G.: Reederei F. Laeisz. Von den Großseglern zur Containerfahrt, Hamburg [4]2004

Johannes August Lattmann

* 5. Oktober 1858, Hamburg · † 19. Januar 1936, Hamburg

Der Bruder von Antonie Amsinck, geborene Lattmann, wurde, nachdem er in Hamburg, Spanien, Portugal und New York kaufmännische Kenntnisse erworben hatte, 1886 Teilhaber des Handelsunternehmens und Finanzhauses G. Amsinck & Co. in New York. 1901 kehrte er nach Hamburg zurück, lebte hier als Privatier und engagierte sich vor allem im sozialen Bereich. Der als fortschrittlich geltende Lattmann wurde 1912 Senator und bekleidete dieses Amt bis 1919. Er war u. a. Präses der Armenanstalt, der Behörde für öffentliche Jugendfürsorge und des Fortbildungsschulwesens sowie im Vorstand des Vereins Asyl für obdachlose Männer und des Kinderschutzbundes. 1913 wurde maßgeblich auf sein Bestreben hin die Gesellschaft für Wohltätigkeit gegründet, der er bis 1924 vorstand. Aus dieser Tätigkeit ging die Anregung zur Gründung der Sozialen Frauenschule hervor. August Lattmann war von Beginn an, seit 1916, Vorsitzender des privaten Trägers dieser Einrichtung, des Vereins Soziale Frauenschule und Sozialpädagogisches Institut. Von 1922 bis 1936 gehörte er dem Kuratorium der Hamburgischen Wissenschaftlichen Stiftung an. Ab 1920 war Lattman wieder in der Wirtschaft tätig, als er von Max Warburg und Paul von Mendelssohn-Bartholdy zum Vorstandsvorsitzenden der neu gegründeten Deutschen Warentreuhand AG berufen wurde. Diese Tätigkeit übte er bis 1928 aus und wechselte dann in den Aufsichtsrat.

August Lattmann

Dünkel, Barbara; Fesel, Verena: Von der Sozialen Frauenschule zur NS-Volkspflegeausbildung. Das Hamburger Sozialpädagogische Institut 1917–1945, Hamburg 1999, S. 10 ff. – Guhl, Anton F.: Johannes August Lattmann. Sozial und liberal im vordemokratischen Hamburger Senat, Hamburg ²2014 (Mäzene für Wissenschaft; 14), frei verfügbar über: http://hup.sub.uni-hamburg.de/purl/HamburgUP_MfW14_Lattmann – Hamburger Fremdenblatt Nr. 276 (4. Oktober 1928): 70. Geburtstag August Lattmann – Otte, Hans-Heinrich (Hg.): Bei uns hat Zukunft Tradition. 75 Jahre BDO Deutsche Warentreuhand Aktiengesellschaft im Wandel der Zeit 1920–1995, Hamburg 1995, S. 18 ff. – Warburg, Max M.: Johannes August Lattmann zum Gedächtnis [1937]

Adolph Lewisohn

* 27. Mai 1849, Hamburg · † 17. August 1938, Prospect Point Camp am Upper Saranac Lake (New York)

Adolph Lewisohn ging 1867 als Vertreter der väterlichen Hamburger Firma Samuel Lewisohn jr. nach New York, um dort seine beiden Brüder Julius und Leonhard zu unterstützen. Die Firma handelte u. a. mit Borsten. 1878 stiegen Adolph und Leonhard in den Kupferhandel ein und wandten sich auch der Förderung und der Verarbeitung von Kupfer zu. 1887 löste sich die New Yorker Filiale Lewisohn Brothers vom Hamburger Haupthaus. Es kam zur Gründung der Boston & Montana Consolidated Copper and Silver Mining Company, die sich zu einer der profitabelsten Kupfergesellschaften weltweit entwickelte. 1899 entstanden die Amalgamated Copper Company und die ASARCO, wobei die Führung der Letzteren bereits 1901 von den Guggenheims übernommen wurde. In ihrer Heimatstadt Hamburg unterstützten die Lewisohn-Brüder soziale Einrichtungen und spendeten z. B. 1901 dem Krankenhaus der deutsch-israelitischen Gemeinde in St. Pauli 130.000 Mark für den Bau von zwei Pavillons. Seit 1900 engagierte sich Adolph Lewisohn in den Vereinigten Staaten publizistisch und finanziell für eine Gefängnisreform, die auf die Resozialisierung der Straftäter zielte. In New York finanzierte er 1915 für das City College den Bau des später nach ihm benannten Lewisohn Stadium (1973 abgerissen). 1904 stellte er der Columbia University 300.000 Dollar für ein Gebäude der School of Mines zur Verfügung. Außerdem schenkte er der National Gallery of Art und dem Metropolitan Museum of Art eine Reihe von Kunstwerken aus seiner Sammlung.

Adolph Lewisohn

Albrecht, Henning: Adolph Lewisohn. Kupfermagnat im „Goldenen Zeitalter", Hamburg 2013 (Mäzene für Wissenschaft; 13), frei verfügbar über: http://hup.sub.uni-hamburg.de/purl/HamburgUP_MfW13_Lewisohn – Art. Lewisohn, Adolph, in: The National Cyclopaedia of American Biography 27, Ann Arbor 1967, S. 428–429 – Birmingham, Stephen: In unseren Kreisen. Die großen jüdischen Familien New Yorks, Frankfurt am Main, Berlin 1969, S. 131 ff., 210 ff., 253 ff., 283 ff., 342 ff. – Hauschild-Thiessen, Renate: Adolph Lewisohn (1849–1938), seine Familie und seine Stiftungen, in: Hamburgische Geschichts- und Heimatblätter 15,10 (2008), S. 233–241 – Loeb, John L.; Loeb, Frances L.; Libo, Kenneth: All in a Lifetime. A Personal Memoir, New York 1996, S. 36 ff.

Eduard Lorenz Lorenz-Meyer

* 12. Juli 1856, Singapur · † 25. April 1926, Hamburg

Franz Heinrich Witthoefft

* 19. November 1863, Kirchwerder · † 6. Juli 1941, Lütjensee (Stormarn)

Nachdem Eduard Lorenz-Meyer seine kaufmännische Lehrzeit bei Schlüter & Maack absolviert hatte, wurde er Anfang 1879 Angestellter bei Behn, Meyer & Co. in Singapur. 1885 avancierte er zum Partner. Drei Jahre später ging er zurück nach Hamburg und wurde Teilhaber der Firma Arnold Otto Meyer. Diese betrieb vor allem Im- und Export-Produktengeschäfte (u. a. Kopra und Pfeffer). Neben seiner geschäftlichen Tätigkeit engagierte sich Lorenz-Meyer im kulturellen Leben Hamburgs. Er betrieb genealogische Forschungen, verfasste heraldische Arbeiten, publizierte Aufsätze und Bücher und fertigte zahlreiche Zeichnungen und Aquarelle an. Seit 1893 war er Vorsitzender der Gesellschaft Hamburgischer Kunstfreunde, außerdem unterstützte er das Museum für Völkerkunde und die Hamburger Kunsthalle. Daneben war er in zahlreichen anderen Vereinigungen Mitglied und hatte viele Ehrenämter inne. Im politischen Spektrum ist Lorenz-Meyer als völkisch gesinnter Sozialkonservativer einzuordnen. Er war ein erklärter Gegner der Sozialdemokratie, gehörte Vereinigungen wie dem Reichsverband gegen die Sozialdemokratie oder dem Alldeutschen Verband an – der „Kernorganisation des Radikalnationalismus“ (Thomas Nipperdey) – und war seit 1921 Ehrenmitglied in der Organisation „Deutscher Roland, Verein für deutsch-völkische Stammkunde“, später „Verein für Sippenkunde“ zu Berlin. Er stand mit dem Wiener „Dichter-Seher“ Guido von List, einem populären Vertreter der völkischen Bewegung, in regem Briefkontakt und war Ehrenmitglied der Guido-von-List-Gesellschaft.

Franz Heinrich Witthoefft ging, kurz nachdem er seine Lehrzeit bei der Firma Arnold Otto Meyer beendet hatte, 1885 nach Singapur, wo er (mit Unterbrechungen) 15 Jahre für Behn, Meyer & Co. tätig war. 1896 wurde er Teilhaber und baute seitdem äußerst erfolgreich die Organisation des Handelshauses um. 1900 kehrte er endgültig nach

Eduard Lorenz-Meyer

Hamburg zurück, trat in die Firma Arnold Otto Meyer als Teilhaber ein und übernahm auch die Geschäftsleitung. Witthoefft gehörte den Aufsichtsräten zahlreicher Gesellschaften an. 1902 wurde er in die Handelskammer gewählt, deren Präses er von 1919 bis 1922 war. 1919 nahm er als Beauftragter der Reichsregierung an den Friedensverhandlungen in Versailles teil; außerdem war er für die DVP Hamburger Abgeordneter in der Weimarer Nationalversammlung. In diesem Jahr wurde er auch Mitglied der Hamburgischen Bürgerschaft (bis 1924). Von 1928 bis 1931 war er Wirtschaftssenator. Am Ende der Weimarer Republik schwenkte Witthoefft zu den Nationalsozialisten um und beteiligte sich am wirtschaftspolitischen Beraterkreis Adolf Hitlers, der im April 1932 von dem süddeutschen Industriellen Wilhelm Keppler gegründet wurde. Aus diesem Kreis kam die Initiative zu einer Eingabe, mit der führende Unternehmer im November 1932 den Reichspräsidenten aufforderten, Hitler zum Kanzler zu ernennen. Witthoefft, der 1933 in die NSDAP eintrat, lehnte deren antisemitische Politik ab. Er setzte sich weiterhin für die Förderung jüdischer Wissenschaftler durch die Hamburgische Wissenschaftliche Stiftung ein, deren Kuratorium er von 1923 bis 1941 angehörte.

Franz Heinrich Witthoefft

Bajohr, Frank: Die Zustimmungsdiktatur. Grundzüge nationalsozialistischer Herrschaft in Hamburg, in: Hamburg im „Dritten Reich". Herausgegeben von der Forschungsstelle für Zeitgeschichte in Hamburg, Göttingen 2005, S. 69–121, vor allem S. 120 – Brahm, Felix: Art. Witthoefft, Franz Heinrich, in: Hamburgische Biografie 3, Göttingen 2006, S. 413–414 – Bruns, Günther A.: Heraldik in Hamburg. Erinnerungen an Paul Heinrich Trummer und Eduard Lorenz Lorenz-Meyer, in: Sonderdruck aus dem Jahrbuch der neuen Heraldischen Mitteilungen des Heraldischen Vereins „Zum Kleeblatt" von 1898 zu Hannover e. V. 10/11 (1972/73), S. 87–94 – Gerhardt, Johannes: Eduard Lorenz Lorenz-Meyer. Ein Hamburger Kaufmann und Künstler, Hamburg 2007 (Mäzene für Wissenschaft; 3), frei verfügbar über: http://hup.sub.uni-hamburg.de/purl/HamburgUP_MfW03_Lorenz-Meyer – Gossler, Claus, Art. Lorenz-Meyer, Eduard, in: Hamburgische Biografie 4, Göttingen 2008, S. 218–220 – Helfferich, Emil: Zur Geschichte der Firmen Behn, Meyer & Co. und Arnold Otto Meyer, Band 2, Hamburg 1967, S. 70 f., 78 ff., 105 f., 171 ff. – Nipperdey, Thomas: Deutsche Geschichte 1866–1918, Band 2: Machtstaat vor der Demokratie, München 1992, S. 603 – Weidler, Wilhelm: Eduard Lorenz Lorenz-Meyer, in: Zeitschrift der Zentralstelle für Niedersächsische Familiengeschichte 8 (1926), S. 89–93 – Witthoefft, F[ranz] H[einrich]: Lebinserinnerungen, Hamburg [1938]

Hermann Franz Matthias Mutzenbecher

* 7. Juni 1855, Eppendorf bei Hamburg · † 29. September 1932, Hamburg

Hermann Mutzenbecher begann 1872 seine Ausbildung bei der Hamburger Import- und Exportfirma Ad. Tesdorpf & Co. Fünf Jahre später, 1877, wechselte er als deren Angestellter nach London, wo seine Lehrfirma ebenfalls einen Sitz hatte. 1881 gründete er dann das Assekuranzgeschäft H. F. M. Mutzenbecher, in das 1894 auch sein Bruder Franz eintrat. Mit ihm zusammen hatte er ein Jahr zuvor die Firma H. Mutzenbecher jr. mit Filialen in New York, London, St. Petersburg und Paris etabliert. 1901 wurde Hermann Mutzenbecher Direktor und Vorstandsmitglied der von ihm mitbegründeten Albingia Versicherungsgesellschaft. Zudem hatte er bei drei weiteren Versicherungsunternehmen den Posten des Direktors inne und war Mitglied des Aufsichtsrats der Europäischen Lloyd Versicherungsgesellschaft sowie der ebenfalls von ihm mitbegründeten Hamburg-Mannheimer Versicherungsgesellschaft. In den Jahren 1909 bis 1912 ließ er zusammen mit seinem Bruder das vom Architekten Georg Radel entworfene Europahaus am heutigen Ballindamm als Geschäftshaus für die Mutzenbecher-Gesellschaften erbauen. Dieses wurde 2003 abgerissen, um für die Europa Passage Platz zu schaffen.

Hermann Mutzenbecher

Art. Mutzenbecher, in: Deutsches Geschlechterbuch 19, Görlitz 1911, S. 265–311 – Art. Mutzenbecher, Hermann Franz Matthias, in: Wenzel, Georg (Hg.): Deutscher Wirtschaftsführer. Lebensgänge deutscher Wirtschaftspersönlichkeiten. Ein Nachschlagebuch über 13000 Wirtschaftspersönlichkeiten unserer Zeit, Hamburg, Berlin, Leipzig 1929, Sp. 1568–1569 – Mutzenbecher, Geert-Ulrich: Die Versicherer. Geschichte einer Hamburger Kaufmannsfamilie, Hamburg 1993 – Schröder, Hans Joachim: Hermann Franz Matthias Mutzenbecher. Ein Hamburger Versicherungsunternehmer, Hamburg 2008 (Mäzene für Wissenschaft; 4), frei verfügbar über: http://hup.sub.uni-hamburg.de/purl/HamburgUP_MfW04_Mutzenbecher – Stammbaum der Familie Mutzenbecher 1636– 1971, Band 2, Hamburg 1973, S. 42–47

Georg Neidlinger

* 12. Mai 1839, Weinheim · † 18. April 1920, Hamburg

Georg Neidlinger verließ um 1856 das rheinhessische Weinheim und ging in die USA, wohin bereits zwei seiner älteren Brüder ausgewandert waren. Wie diese trat er in die Singersche Nähmaschinenfabrik, die Singer Manufactoring Company in New York, ein. 1860 wurde er ausgewählt, den Vertrieb der Nähmaschinen in Deutschland zu organisieren. Zu diesem Zweck ließ er sich in Hamburg nieder, wo er in den folgenden Jahren außerordentlich erfolgreich arbeitete: 15 Jahre nachdem er die eigenständige Firma Singer Generalvertretung Georg Neidlinger gegründet hatte, verfügte er über das dichteste Nähmaschinenfilialnetz in Europa – allein in Deutschland besaß er 214 Filialen. Sein Geschäftsgebaren gegenüber den Vertretern der deutschen Nähmaschinenfabriken war wenig zimperlich, für Singer war er jedoch unersetzlich. Neidlinger war ein hervorragender Organisator und entwickelte die Singer-Nähmaschine permanent weiter. Ohne ihn hätte Singer nicht den außerordentlichen Bekanntheitsgrad in Europa erreicht. Als 1895 mit Gründung der Singer Nähmaschinen AG in Hamburg Neidlingers Verkaufsgesellschaft in eine Aktiengesellschaft umgewandelt wurde, trat er in deren Vorstand ein. 1904 ließ Neidlinger an der Ecke Jungfernstieg/Alsterarkaden ein Geschäftshaus, das Neidlinger-Haus, errichten. In Hamburg und seiner Heimatstadt Weinheim war er in eine Reihe kultureller und sozialer Projekte involviert: So zählte er zu den finanziell am stärksten engagierten Gründeraktionären des Deutschen Schauspielhauses, welches 1900 eröffnet wurde.

Georg Neidlinger

Fischer, Manfred F.: Riesser-Grabmal und Neidlinger-Haus, in: Zeitschrift des Vereins für Hamburgische Geschichte 74/75 (1989), S. 319–341 – Hamburger Adressbuch, verschiedene Jahrgänge – Verzeichnis der in das Handelsregister und in das Genossenschaftsregister des Amtsgerichts Hamburg eingetragenen Firmen nach dem Stande vom 15. Januar 1906. Zusammengestellt auf Grund der amtlichen Register, herausgegeben vom Amtsgericht Hamburg, Hamburg 1906, S. 508 – Wilhelm, Peter: Alte Nähmaschinen. Namen, Daten und Fakten, Duderstadt [2]2002, S. 150 f. – Wuttke, Lothar A. K.: Nähmaschinenwerk Wittenberge – Veritas –, Wittenberge, Berlin 2012, S. 11

HEINRICH JACOB BERNHARD FREIHERR VON OHLENDORFF

* 17. März 1836, Hamburg · † 3. Juli 1928, Hamburg

VON 1851 bis 1853 absolvierte Heinrich Ohlendorff seine Lehre im Kommissionsgeschäft von Theodor Melle und Sohn. Danach arbeitete er in zwei anderen Firmen als Kommis, bevor er 1858 die Firma Ohlendorff & Co. gründete, in der sein Bruder Albertus zunächst Prokurist, später dann Associé wurde. Die beiden Brüder importierten vor allem Guano aus Peru, der dort unter kaum zu ertragenden Arbeitsbedingungen abgebaut wurde. 1872 erwarben sie zusammen mit der Norddeutschen Bank die „Norddeutsche Allgemeine Zeitung" und 1880 die Norddeutsche Druckerei und Verlagsanstalt in Berlin, um die politischen Ziele Otto von Bismarcks, zu dessen Freundeskreis sie gehörten, besser unterstützen zu können. Seit 1867 erwarb Heinrich Ohlendorff große Grundstücke, so 1869 62.000 Quadratmeter zum Bau einer schlossartigen Villa in Hamm. 1892 verfügte er über insgesamt 2,7 Millionen Quadratmeter Ländereien in Volksdorf. Zum Zweck der Kapitalsicherung investierte er 1884 in einen von Martin Haller geplanten neuartigen Bautypus: Den Dovenhof (Ecke Dovenfleet/Brandstwiete, 1967 musste er dem Spiegel-Haus weichen). Dieses erste Kontorhaus Deutschlands bot 9.000 Quadratmeter vermietbare Fläche. Ohlendorff betätigte sich als Aufsichtsratsmitglied verschiedener Reedereien, Banken und Versicherungsgesellschaften. Außerdem war er 31 Jahre lang Präsident der 1860 gegründeten Zoologischen Gesellschaft und bis 1926 Senior der Börse und der Hamburger Kaufmannschaft. 1873 wurde er nobilitiert und 1889 in den erblichen Freiherrenstand erhoben.

Heinrich Freiherr von Ohlendorff (1905)

Behr, Karin von; Kluyver, Urs: Die Walddörfer. Volksdorf, Bergstedt, Wohldorf-Ohlstedt, Hamburg 1996, S. 30–37 – Dies.: Art. Ohlendorff, Heinrich Jacob Bernhard Freiherr von, in: Hamburgische Biografie 2, Hamburg 2003, S. 305–307 – Dies.: Die Ohlendorffs. Aufstieg und Untergang einer Hamburger Familie, Bremen ²2010 – Eckstein, Julius (Hg.): Anglo-Continentale (vormals Ohlendorffsche) Guano-Werke, in: Historisch-biographische Blätter. Der Staat Hamburg. 4. Lieferung, Berlin, Hamburg, Wien 1905/06 – Schmidt von Knobelsdorf, Camilla: Heinrich Jacob Berndhard Freiherr von Ohlendorff. Ein Lebensbild aus Hamburgs Glanzzeit, Hamburg 1926 [Privatdruck] – Schröder, Hans Joachim: Heinrich Freiherr von Ohlendorff. Ein Hamburger Kaufmann im Spiegel der Tagebücher seiner Ehefrau Elisabeth, Hamburg 2014 (Mäzene für Wissenschaft; 15), frei verfügbar über: http://hup.sub.uni-hamburg.de/purl/HamburgUP_MfW15_Ohlendorff

Jürgen Karl Ferdinand Ottens

* 23. September 1851, Hennstedt (Dithmarschen) · † 6. April 1925, Hamburg

Ferdinand Ottens wurde 1877 Vertreter des Handelshauses Hansing & Co. auf Sansibar, das dort seit 1853 eine Niederlassung hatte. Die Firma war im Handels-, Reederei- und Bankgeschäft tätig. Zu den Haupteinfuhrgütern von Hansing & Co. zählten Waffen und Munition (von zumeist schlechter Qualität). Es ist davon auszugehen, dass das Handelshaus – wie andere europäische und amerikanische Firmen auf Sansibar – Sklaven als Arbeitskräfte einsetzte, z. B. für häusliche Dienste und Reinigungsarbeiten. 1883 gründete Ottens in Hamburg seine eigene Firma F. Ottens, die seit 1889 ihren Sitz in der Paulstraße 21 hatte. Als Prokurist fungierte William Philippi, bei dessen Firma Wm. Philippi & Co. wiederum Ottens Prokurist war. Ottens wohnte von 1905 bis 1911 An der Alster 14. 1892 gehörte er zu den Mitbegründern des Allgemeinen Deutschen Verbandes (später: Alldeutscher Verband) in Hamburg und zum ersten Vorstand.

Brahm, Felix: Handel und Sklaverei am „Tor zu Ostafrika". Hamburger Kaufleute auf Sansibar 1844–1890, in: Bake, Rita (Hg.): Hamburg – Sansibar. Sansibar – Hamburg. Hamburgs Verbindungen zu Ostafrika seit Mitte des 19. Jahrhunderts, Hamburg 2009, S. 45–66, vor allem S. 53, 56 – Helm, Rudolf: Afrikanische Erinnerungen 1890–1914, [Hamburg 1991], S. 42 – Hering, Rainer: Konstruierte Nation. Der Alldeutsche Verband 1890 bis 1939, Hamburg 2003, S. 223, 316 – Müller, Fritz F.: Deutschland – Zanzibar – Ostafrika. Geschichte einer deutschen Kolonialeroberung 1884–1890, Berlin 1959, S. 366 ff. – Washausen, Helmut: Hamburg und die Kolonialpolitik des deutschen Reiches 1880 bis 1890, Hamburg 1968, S. 95

William Adolphus Philippi

* 24. Februar 1854, Manchester (Großbritannien) · † 24. Dezember 1926, Hamburg

Geboren in Manchester, absolvierte William Philippi in Hamburg bei Hansing & Co. die Lehre. 1876 ging er für die Firma nach Sansibar und leitete später die Hansingsche Niederlassung in Mosambik. Diese übernahm er 1886 und führte sie unter dem Namen Wm. Philippi & Co. weiter. Teilhaber wurden August Duncker und Heinrich Hansing, später trat auch Ferdinand Ottens der Firma bei. 1889 verlegte Philippi seinen geschäftlichen Wohnsitz nach Hamburg in die Paulstraße 21, wo auch die Firma F. Ottens ansässig war. Wm. Philippi & Co. hatte Filialen u. a. in Beira, Umtali, Salisbury und Quelimane. Importiert wurden „sämtliche Landesprodukte von Portugies. Ostafrika". Philippi gehörte der Ortsgruppe Hamburg des Alldeutschen Verbandes an.

Hamburger Adressbuch, verschiedene Jahrgänge – Hamburgs Handel und Verkehr. Illustriertes Export-Handbuch der Börsenhalle 7 (1909/11), Hamburg, S. III 73 – Helm, Rudolf: Afrikanische Erinnerungen 1890–1914, [Hamburg 1991], S. 42 – Hering, Rainer: Konstruierte Nation. Der Alldeutsche Verband 1890 bis 1939, Hamburg 2003, S. 417 – Verzeichnis der in das Handelsregister und in das Genossenschaftsregister des Amtsgerichts Hamburg eingetragenen Firmen nach dem Stande vom 15. Januar 1906. Zusammengestellt auf Grund der amtlichen Register, herausgegeben vom Amtsgericht Hamburg, Hamburg 1906, S. 547

Adolf Christian Max Rieck

* 10. Mai 1857, Strelitz · † 19. März 1932, Hamburg

Max Rieck, aus dem mecklenburgischen Strelitz stammend, etablierte sich 1883 als selbstständiger Kaufmann in Hamburg. Einige Zeit leitete er die Schokoladenfabrik Hansa, später gründete er die Firma Max Rieck, die Import-, Export- und Kommissionsgeschäfte tätigte. Bei den Importen handelte es sich vor allem um Kakao, Mandeln, Nüsse, Rohrzucker und Fruchtkonserven aus Amerika, Afrika und Asien. Exportiert wurden Halbfabrikate für die Kakao-, Schokoladen- und Zuckerwarenindustrie. Rieck betrieb sein Geschäft außerordentlich erfolgreich und hatte Lager in Brüssel, Genua, London, New York, St. Petersburg und Warschau. 1895 begründete er eine Zeitschrift für die Kakao-, Schokoladen- und Zuckerwarenindustrie, für die er auch selbst schrieb und die unter dem Titel „Gordian" von ihm herausgegeben wurde. Daneben verfasste er eine Reihe von Büchern. Nach seinem Tod wurde die international anerkannte Fachzeitschrift von seinen Mitarbeitern weitergeführt. Sie erschien bis 2003.

Hamburger Adressbuch, verschiedene Jahrgänge – Hamburgs Handel und Verkehr. Illustriertes Export-Handbuch der Börsenhalle 7 (1909/11), Hamburg, S. III 77 – Stieda, Wilhelm: Max Rieck (1857–1932), in: Mecklenburg-Strelitzer Geschichtsblätter 8 (1932), S. 181–192 – Verzeichnis der in das Handelsregister und in das Genossenschaftsregister des Amtsgerichts Hamburg eingetragenen Firmen nach dem Stande vom 15. Januar 1906. Zusammengestellt auf Grund der amtlichen Register, herausgegeben vom Amtsgericht Hamburg, Hamburg 1906, S. 582, 732

Louis Rosenfeld

* 17. Oktober 1844, Uehlfeld · † 26. November 1909, Hamburg

Der jüdische Kaufmann Louis Rosenfeld, geboren im bayerischen Uehlfeld, lebte seit 1866 in der Admiralitätsstraße 28 und zog zwei Jahre später an den Neuen Wall 59. 1870 erwarb er die Hamburgische Staatsangehörigkeit und wurde ein Jahr später Mitinhaber der Firma S. Samuel & Rosenfeld, Häute und Felle in der Admiralitätsstraße 68. Er war mit Elisabeth, geborene Cohen, verheiratet und wohnte mit seiner Familie seit 1882 in der Alsterchaussee 16.

Grolle, Joist; Lorenz, Ina: Der Ausschluss der jüdischen Mitglieder aus dem Verein für Hamburgische Geschichte. Ein lange beschwiegenes Kapitel der NS-Zeit (Mit biographischem Anhang), in: Zeitschrift des Vereins für Hamburgische Geschichte 93 (2007), S. 1–145, vor allem S. 131 f. – Hamburger Adressbuch, verschiedene Jahrgänge

Ferdinand Rosenstern
* 11. November 1880, Hamburg · † 11. Oktober 1944, Auschwitz

Max Rosenstern
* 9. November 1857, Hamburg · † 1925

Otto Rosenstern
* 1. März 1855, Hamburg · † 9. Juni 1922, Hamburg

Die Brüder Max und Otto sowie dessen Sohn Ferdinand waren 1907 zusammen mit Otto Friedheim Teilhaber der 1848 gegründeten Im- und Exportfirma F. Rosenstern & Co. Diese hatte ihren Geschäftssitz in der Deichstraße 29, ab 1913 in der Mönckebergstraße im Caledoniahaus und Filialen in Belfast, Dundee und New York. Importiert wurden „alle einschlägigen Landesprodukte von Südamerika", exportiert „sämtliche Exportartikel". 1913 gründete die Firma u. a. zusammen mit M. M. Warburg & Co. die Hamburgische Südsee-AG, die Faktoreien, Plantagen und Bergbau auf den Südseeinseln sowie Handel und Schifffahrt betrieb. Laut dem Jahrbuch der Millionäre hatten Otto, Max und Ferdinand Rosenstern im Jahr 1912 jeweils ein Vermögen von 1,9 Millionen Mark. Aufgrund der antijüdischen Boykott- und Hetzkampagnen emigrierte Ferdinand Rosenstern 1937 nach Amsterdam. Der Großteil seines Vermögens verblieb in Deutschland und wurde im Dezember 1938 beschlagnahmt. Ferdinand Rosenstern und seine Frau Elsa wurden im Mai 1943 von der Gestapo verhaftet. Vom Lager Westerbork in Holland wurden sie am 25. Februar 1944 nach Theresienstadt deportiert. Am 9. Oktober 1944 mussten sie einen weiteren Zug besteigen, der sie in das Vernichtungslager von Auschwitz brachte. Ferdinand Rosensterns ältester Sohn Otto Edgar war bereits 1941 im Konzentrationslager Mauthausen umgebracht worden.

Hamburger Adressbuch: verschiedene Jahrgänge – Hamburgs Handel und Verkehr. Illustriertes Export-Handbuch der Börsenhalle 7 (1909/11), Hamburg, S. III 79 – Martin, Rudolf: Jahrbuch des Vermögens und Einkommens der Millionäre in den drei Hansestädten, Berlin 1912, S. 35 – Mosel, Wilhelm: Wegweiser zu ehemaligen jüdischen Stätten in den Stadtteilen Eimsbüttel/Rotherbaum (I), Hamburg 1985, S. 70 – Roß, Marlis: Der Ausschluss der jüdischen Mitglieder 1935. Die Patriotische Gesellschaft im Nationalsozialismus, Hamburg ²2011, S. 83 – Sparr, Ulrike: Stolperstein in Hamburg-Winterhude. Biographische Spurensuche, Hamburg 2008, S. 223–225 – Verzeichnis der in das Handelsregister und in das Genossenschaftsregister des Amtsgerichts Hamburg eingetragenen Firmen nach dem Stande vom 15. Januar 1906. Zusammengestellt auf Grund der amtlichen Register, herausgegeben vom Amtsgericht Hamburg, Hamburg 1906, S. 596

EMMA JOHANNA SAUBER

* 10. Oktober 1848, Hamburg · † 27. April 1928, Hamburg

Emma Sauber

EMMA Sauber, geborene Bösch, war die Tochter eines Hamburger Kaufmanns. Ihr Großvater Matthias Bösch war sechzehn Jahre als Kommandeur von Segelschiffen auf Wal- und Robbenfang nach Grönland gezogen. Sie war mit Herman Carl Sauber verheiratet, dem Inhaber der Firmen Sauber Gebr. (Kohlenimport und Reederei) und Heinrich Brandenburg (Schiffswerft). Das Ehepaar hatte 9 Kinder und wohnte seit 1882 in Wandsbek. Nach dem Tod ihres Mannes 1894 wurde Emma Sauber alleinige Inhaberin der Firma Sauber Gebr., da der einzige Sohn Johann Matthias erst 12 Jahre alt war. Die aktive Leitung der Firma lag in den Händen von Ernst J. F. Commentz, Emma Sauber unterrichtete sich jedoch über alle Vorgänge persönlich und traf bei sämtlichen wichtigen Entschlüssen die letzte Entscheidung. Unter ihrer Ägide entwickelte sich die Firma in den folgenden Jahren äußerst erfolgreich und expandierte. Die Werft wurde 1897 in eine Kommanditgesellschaft umgewandelt, in der Emma Sauber als Kommanditistin verblieb. 1922 zog sie sich aus dem Geschäftsleben zurück.

Mielke, Otto: Frachtdampfer „Emma Sauber". Im Dienst der schwarzen Diamanten, München 1958 (Schicksale deutscher Schiffe; 137) – Ders.: Frachtdampfer „Wilhelm Russ" – Frachtdampfer „Emma Sauber". Zwischen Abenteuer und Tod, Rastatt 1978 (Schicksale deutscher Schiffe; 79) – Sauber, Hermann; Marchtaler, Hildegard von: Sauber Gebr. Hamburg. 1839–1939. Die Geschichte der Firma Sauber Gebr. Herausgegeben anlässlich des 100-jährigen Firmenjubiläums, Hamburg 1939 – Dies.: Sauber Gebr. gegründet 1839, Sauber & Co., Hamburg. Firmengeschichte 1939–1951, Hamburg 1951

Dr. h. c. Maximilian Heinrich von Schinckel

* 26. Oktober 1849, Hamburg · † 11. November 1938, Hamburg

Nach der Lehrzeit bei Burmester & Stadenhagen ging Max Schinckel nach St. Petersburg und wurde Prokurist in dem Agenturgeschäft von Moritz Ponfick. 1872, gerade einmal 23-jährig, trat er seine Tätigkeit als dritter Direktor der Norddeutschen Bank in Hamburg an, deren erster Direktor er 1892 wurde. Nach der Fusion der Norddeutschen Bank mit der Disconto-Gesellschaft 1895 avancierte Schinckel zum Kreis der Geschäftsinhaber in beiden Geldinstituten, die vorerst formal selbstständig blieben. 1919 schied er aus dem operativen Geschäft aus, übernahm aber in beiden Bankhäusern den Posten des Aufsichtsratsvorsitzenden. Daneben war er bei zahlreichen Bergbau-, Finanz-, Industrie-, Rüstungs-, Schiffbau- und Schifffahrtsunternehmen im Aufsichtsrat vertreten. Von 1880 bis 1886 gehörte Schinckel der Hamburgischen Bürgerschaft an, und zwar der Fraktion der Rechten. In der Handelskammer wirkte er von 1896 bis 1918, von 1907 bis 1910 als ihr Präses. 1917 erhielt der Patrizier mit aristokratischen Neigungen von Wilhelm II. den Adelstitel verliehen. Seit 1919 bezog Schinckel als Monarchist und Anti-Demokrat gegen die Republik Position. Er trat dem „Stahlhelm" bei, ebenso dem Hamburger Nationalklub von 1919, dessen Ehrenpräsident er wurde. Die Machtübernahme der Nationalsozialisten bewertete er zunächst positiv, trat jedoch nicht als aktiver Förderer des NS-Regimes in Erscheinung. Die antijüdische Politik nach 1933 lehnte er ab.

Max Schinckel (1905)

Baark, Katharina: Hamburger Häuser erzählen Geschichten, Hamburg 1991, S. 67–71 – Bajohr, Frank: Die Zustimmungsdiktatur. Grundzüge nationalsozialistischer Herrschaft in Hamburg, in: Hamburg im „Dritten Reich". Herausgegeben von der Forschungsstelle für Zeitgeschichte in Hamburg, Göttingen 2005, S. 69–121, vor allem S. 118 f. – Rohrmann, Elsabea: Max von Schinckel. Hanseatischer Bankmann im wilhelminischen Deutschland, Hamburg 1971 – Schinckel, Max von: Lebenserinnerungen, Hamburg 1929 –Walden, Hans: Art. Schinckel, Maximilian Heinrich von, in: Hamburgische Biografie 3, Göttingen 2006, S. 336–338

Hermann Sielcken

* 14. August 1850, Hamburg · † 8. Oktober 1917, Baden-Baden

Herman Sielcken (um 1900)

Hermann Sielcken verließ 1868 Hamburg, um für eine deutsche Firma in Costa Rica zu arbeiten. Ein Jahr später ging er nach Kalifornien, wo er als Schiffsagent tätig war. 1876 fand er eine Anstellung bei W. H. Crossman & Son, einer Im- und Exportfirma, die u. a. mit Kaffee auf Provisionsbasis handelte. Sielcken arbeitete für diese als Verkäufer in Südamerika derart erfolgreich, dass er zunächst Junior-, später Seniorpartner wurde. 1894 wurde der Firmenname in Crossman & Sielcken geändert und Sielcken in der Folgezeit zu einem der meist gefürchtetsten Männer der New Yorker Kaffeebörse, der immer wieder versuchte, den Kaffeemarkt zu manipulieren. In späteren Jahren stieg der „Kaffeekönig" in das Stahl- und Eisenbahngeschäft ein. Zu Beginn des 20. Jahrhunderts kaufte er sich ein luxuriöses Anwesen in Baden-Baden, das aus vier Villen bestand. Hier stiftete er u. a. den 1909 bis 1912 angelegten Park Gönneranlage und das Josefinenheim, das erste moderne Entbindungs- und Wöchnerinnenheim. 1910 bekam er die Ehrenbürgerwürde Baden-Badens verliehen.

Hamburgischer Correspondent Nr. 522 (12. Oktober 1917): Beerdigung Hermann Sielcken – Pendergast, Mark: Kaffee. Wie eine Bohne die Welt veränderte, Bremen 2001, S. 100 ff.

Edmund Julius Arnold Siemers

* 12. März 1840, Hamburg · † 20. November 1918, Altona-Othmarschen

Bereits im Alter von 21 Jahren eröffnete Edmund Siemers eine eigene Firma, die sich dem Petroleumimport widmete. 1864 wurde er dann Teilhaber, 1876 Alleininhaber der von seinem Großvater begründeten Firma G. J. H. Siemers & Co. Mit seinem Einstieg 1864 begann deren wichtigste und mit Abstand erfolgreichste Epoche, in der Siemers den Petroleumhandel in Deutschland zu hoher Blüte führte. Als erster Hamburger Reeder ließ er zwischen 1887 und 1890 drei eigene Tankdampfer bauen. Nachdem die Petroleumgeschäfte seiner Firma 1891 auf die Deutsch-Amerikanische Petroleum-Gesellschaft übergegangen waren, spezialisierte er sich auf den Salpeterimport und dessen Vertrieb, in späteren Jahren dann auf Grundstücks- und Baugeschäfte. Vor allem aber trat er in den 1890er Jahren als Stifter in die Öffentlichkeit, der 1896 den Bau einer der ersten Lungenheilstätten in Deutschland ermöglichte, Edmundsthal-Siemerswalde in Geesthacht, und 1907 das Vorlesungsgebäude auf der Moorweide finanzierte, welches bis heute „die Universität" in Hamburg darstellt. Anlässlich der Einweihung des Gebäudes im Mai 1911 erhielt Siemers die selten verliehene Hamburgische Ehrendenkmünze in Gold. Bereits 1907 hatte der Senat beschlossen, ihm zu Ehren einen Teil der Grindelallee in Edmund-Siemers-Allee umzubenennen. Auch in der bürgerlichen Selbstverwaltung und der hamburgischen Politik war Siemers aktiv. So gehörte er der Hamburgischen Bürgerschaft von 1892 bis 1918 als Mitglied der Fraktion der Rechten und der Finanzdeputation von 1898 bis 1906 an.

Edmund Siemers (1905)

Das Vorlesungsgebäude in Hamburg, gestiftet von Herrn Edmund J. A. Siemers, dem hamburgischen Staate übergeben am 13. Mai 1911, Hamburg 1911 – Eckstein, Julius (Hg.): G. J. H. Siemers & Co., in: Historisch-biographische Blätter. Der Staat Hamburg. 1. Lieferung, Berlin, Hamburg, Wien 1905/06 – Gerhardt, Johannes: Edmund Siemers. Unternehmer und Stifter, Hamburg 2014 (Mäzene für Wissenschaft; 16), frei verfügbar über: http://hup.sub.uni-hamburg.de/purl/HamburgUP_MfW16_Siemers – Goetz, Adolf: Die Geschichte des Hauses G. J. H. Siemers & Co., Hamburg 1811–1911, Berlin 1911 – Grundmann, Günther: 150 Jahre G. J. A. Siemers & Co., Hamburg: 1811–1961, Hamburg 1961 – Schröder, Carl August: Edmund J. A. Siemers. Eine Lebensskizze [Sonderabdruck aus: Die Brücke 3, 1 (1924)] – Sodemann-Fast, Claudia: Art. Siemers, Edmund Julius Arnold, in: Hamburgische Biografie 6, Göttingen 2012, S. 311–313

Dr. Henry Smidt

Henry Smidt lebte seit 1898 An der Schönen Aussicht 17. Von 1904 bis 1911 wohnte und praktizierte er als Arzt An der Alster 21.

Hamburger Adressbuch, verschiedene Jahrgänge

Georg Hermann Stoltz

* 11. November 1845, Melle (Osnabrück) · † 12. Dezember 1939, Wentorf

Hermann Stoltz verließ 1863 das Gymnasium Johanneum in Lüneburg mit Primareife. Er begann eine Lehre bei der Bremer Importfirma F. W. Helmers & Sohn, die er nicht beendete, und ging 1866 nach Rio de Janeiro. Dort trat er in die deutsch-brasilianische Handelsfirma Brandes Kramer & Ferreira ein und wurde schon bald deren Teilhaber. 1884 erfolgte die Umbenennung in Herm. Stoltz & Cie., gleichzeitig wurde eine Filiale in Hamburg gegründet und Stoltz zog mit seiner Familie in die Hansestadt. Die Firma eröffnete weitere Niederlassungen, u. a. in Sao Paulo und Recife, und wurde zum bedeutendsten Hamburger Exporteur für Brasilien. Später importierte sie auch brasilianische Waren nach Deutschland. Außerdem beteiligte sie sich an brasilianischen Industrieunternehmen, fungierte als Agent für diverse internationale Versicherungsgesellschaften und war im Schifffahrtsgeschäft tätig. 1915 gründete Stoltz eine Stiftung, deren Erträge Schülern des Johanneums in Lüneburg zugutekamen. Außerdem engagierte er sich für Kirchen und Krankenhäuser. Politisch vertrat er als Mitglied des Hamburger Nationalklubs von 1919 konservativ-autoritäre Gedanken.

Hermann Stoltz (1905)

Art. Stoltz, in: Deutsches Geschlechterbuch 209, Limburg 1999, S. 277–348 – Hinden, H[einrich]: Deutsche und deutscher Handel in Rio de Janeiro. Ein hundertjähriges Kulturbild. Zur Zentenar Feier der Gesellschaft „Germania" 1821–1921. Hg. von der Gesellschaft Germania Rio de Janeiro zur Erinnerung an ihr hundertjähriges Bestehen, Rio de Janeiro 1921 – Schröder, Hans Joachim: Georg Hermann Stoltz. Ein Kaufmann zwischen Hamburg und Brasilien, Hamburg 2018 (Mäzene für Wissenschaft; 21), frei verfügbar über: http://hup.sub.uni-hamburg.de/purl/HamburgUP_MfW21_Stoltz – Stoltz, Tibeta: Die Geschichte der Firma Herm. Stoltz – Georg Hermann Stoltz, sein Sohn und seine Enkel, Wentorf 1994

Carlo Zino Thomsen

* 18. Februar 1860, Bergen (Norwegen) · † 22. März 1941, Hamburg

Geboren im norwegischen Bergen, ging Carlo Thomsen in jungen Jahren nach Guatemala und beteiligte sich dort an verschiedenen Eisenbahnprojekten. Um 1887 kam er nach Hamburg. Hier gründete er die Firma Carlo Z. Thomsen, die seit 1907 ihren Sitz am Harvestehuder Weg 25 hatte und Bank- und Kommissionsgeschäfte sowie Im- und Exporthandel mit Zentralamerika betrieb. Thomsen war zudem stellvertretender Aufsichtsratsvorsitzender der Hamburger Kautions-Vereinigung AG und Mitglied des Aufsichtsrats der Albingia Versicherungsgesellschaft. Sein Vermögen wurde 1912 auf 2,1 Millionen Mark geschätzt. 1917 stellte er für die „Ausstellung von Werken neuerer Kunst aus Hamburger Privatbesitz" ein Interieur von Edvard Munch zur Verfügung. Seine 36 Gemälde umfassende Sammlung, u. a. mit Werken von Gustave Courbet, Max Liebermann, Claude Monet, Pierre-Auguste Renoir und Max Slevogt, wurde 1942 unter seinen Erben aufgeteilt.

Art. Thomsen, Carlo Zino: Wenzel, Georg (Hg.): Deutscher Wirtschaftsführer. Lebensgänge deutscher Wirtschaftspersönlichkeiten. Ein Nachschlagebuch über 13000 Wirtschaftspersönlichkeiten unserer Zeit, Hamburg, Berlin, Leipzig 1929, Sp. 2282 – Hamburger Adressbuch, verschiedene Jahrgänge – Luckhardt, Ulrich: Kleines Lexikon der Hamburger Kunstsammler, in: ders. (Hg.): Private Schätze: Über das Sammeln von Kunst in Hamburg bis 1933, Hamburg 2001, S. 214–253 – Martin, Rudolf: Jahrbuch des Vermögens und Einkommens der Millionäre in den drei Hansestädten, Berlin 1912, S. 21, S. 30 – Verzeichnis der in das Handelsregister und in das Genossenschaftsregister des Amtsgerichts Hamburg eingetragenen Firmen nach dem Stande vom 15. Januar 1906. Zusammengestellt auf Grund der amtlichen Register, herausgegeben vom Amtsgericht Hamburg, S. 715

Conrad Hermann Tietgens

* 20. Dezember 1851, Hamburg · † 17. Februar 1941, Hamburg

1837 gründete Johann Jacob Tietgens gemeinsam mit seinem Schwager die Firma Tietgens & Robertson. Nach dem Tod des Letzteren (1856) wurde das bis dahin betriebene Reedereigeschäft allmählich aufgegeben und hauptsächlich der Handel mit Ölen und Fetten aus den Vereinigten Staaten für den osteuropäischen Markt betrieben. Später wurden Johann Jacob Tietgens' Söhne, darunter auch Hermann, als Teilhaber in das Geschäft aufgenommen. Der Richter, Kunstsammler und Mäzen Gustav Schiefler beschreibt Hermann Tietgens als „schwerfällig im Körperbau und schwerblütig in der Auffassung des Lebens, aber von prächtigem starken Willen für alles Gute, Wahre und Schöne“. Hamburgs Oberbaudirektor Fritz Schumacher schildert ihn als einen Menschen, der sich „ganz in einer philosophisch-dichterischen Welt bewegte“ und dessen Geisteshaltung „sich mit einem ins Künstlerische gesteigerten Weinverständnis verband“. Tietgens gehörte einem Kreis an, der sich um Alfred Lichtwark, Leopold von Kalckreuth und Erich Marcks sammelte, engagierte sich im Aufsichtsrat des Bauvereins und unterstützte die Blindenanstalt in Hamburg. Außerdem war er Mitglied der Ortsgruppe Hamburg des Alldeutschen Verbandes.

Hermann Tietgens

Art. Tietgens, Johann Jacob, in: Heyden, Wilhelm (Hg.): Die Mitglieder der Hamburger Bürgerschaft 1859–1862. Festschrift zum 6. Dezember 1909, Hamburg 1909, S. 138 – Fischer-Radizi, Doris: Vertrieben aus Hamburg. Die Ärztin Rahel Liebeschütz-Plaut, Göttingen 2019 (Wissenschaftler in Hamburg; 2) – Hering, Rainer: Konstruierte Nation. Der Alldeutsche Verband 1890 bis 1939, Hamburg 2003, S. 310, 424 – Schiefler, Gustav: Eine hamburgische Kulturgeschichte: 1890–1920. Beobachtungen eines Zeitgenossen, Hamburg 1985, S. 59 – Schumacher, Fritz: Stufen des Lebens. Erinnerungen eines Baumeisters, Stuttgart [3]1949, S. 396 – Stein, Hans-Konrad: Interessenkonflikte zwischen Großkaufleuten, Handelskammer und Senat in der Frage des Zollanschlusses Hamburgs an das Reich 1866–1881, in: Zeitschrift des Vereins für Hamburgische Geschichte 64 (1978), S. 55–90, vor allem S. 62 ff., 71

Johann Hermann Vering

* 4. November 1846, Haus Seppenhagen bei Ahlen · † 6. Januar 1922, Gut Wulfsdorf bei Ahrensburg

Hermann Vering besuchte seit 1867 die polytechnische Hochschule in Hannover, wo er die Fächer praktische Geometrie, Geologie sowie Wege- und Straßenbau und Baukunst belegte. Seit 1869 arbeitete er in der Firma seines Bruders Carl, Varnholt & Vering. Auch für dessen 1874 in Bremen neu gegründete Tiefbaufirma C. Vering war Hermann Vering als Bauleiter in verschiedenen Projekten tätig. 1883 wurde er dann gleichberechtigter Gesellschafter, übernahm die Hamburger Niederlassung von C. Vering und siedelte in die Hansestadt über. Unter seiner Leitung baute das Büro zahlreiche Eisenbahnstrecken, Bahnhöfe, Häfen und Kanäle – darunter Hamburgs südliche Hafenbecken, den Hafen im chinesischen Tsingtau und Abschnitte des Nord-Ostsee-Kanals. Hermann Vering tätigte zahlreiche Erfindungen und Verbesserungen an Tiefbaumaschinen, die er sich patentieren ließ, und war an der Projektierung des 1911 eröffneten Elbtunnels beteiligt. Daneben war er Aufsichtsratsmitglied in einer Reihe von Aktiengesellschaften. In Wilhelmsburg sind sowohl eine Straße als auch ein Kanal nach ihm benannt.

Hermann Vering

Hamburger Nachrichten Nr. 563 (4. November 1916): 70. Geburtstag Hermann Vering – Hamburgischer Correspondent Nr. 11 (7. Januar 1922): Nachruf Hermann Vering – Vering, Enno: Bahnen, Häfen und Kanäle. Die Arbeitsgebiete von Carl Hermann Vering, den Pionieren des Verkehrswegebaus im 19. Jahrhundert, Heidelberg 1999 – Ders. (Hg.): C. Vering. Die Geschichte des ältesten deutschen Tiefbau-Großunternehmens, Heidelberg 2001

GUSTAV ADOLPH VORWERK

* 18. September 1839, Bahrenfeld · † 19. Juli 1919, Altona-Klein Flottbek

ADOLPH Vorwerk begann 1855 bei C. A. Wulff & Baasch seine Lehre und ging anschließend in die väterliche Firma Hochgreve & Vorwerk. 1860 wurde er Teilhaber von Vorwerk & Co. im chilenischen Valparaiso. Diese Niederlassung der Hamburger Firma betrieb vor allem Handel mit Salpeter, der unter harten Arbeitsbedingen in der Atacama-Wüste abgebaut wurde. Erst 1875 trat Adolph Vorwerk als Teilhaber bei Vorwerk Gebr. & Co. ein, wie die Firma Hochgreve & Vorwerk inzwischen hieß. Seit 1889 lag deren Leitung dann ausschließlich in seinen Händen und denen seines Bruders Friedrich. 1885, nach dem Tod der Mutter, erbte Adolph Vorwerk eine vom Architekten Franz Gustav Joachim Forsmann 1841/42 erbaute repräsentative Villa in Klein Flottbek, das „Haupthaus". Adolph Vorwerk engagierte sich in der bürgerlichen Selbstverwaltung und trat auch als Stifter in Erscheinung: Von 1877 bis 1884 wirkte er als Finanzdeputierter. 1901 gründete er mit 100.000 Mark die Dr. Adolph Vorwerk-Stiftung, zur Erinnerung an seinen Sohn Adolph, der im Jahr zuvor im frühen Alter von 29 Jahren gestorben war. Die Erträge der Stiftung waren für wohltätige Zwecke bestimmt, d. h. für die Unterstützung von Vereinen, Krankenhäusern etc., ebenso wie auch für Stipendien und Hilfen an Bedürftige.

Adolph Vorwerk (1905)

Art. Vorwerk, in: Deutsches Geschlechterbuch 200, Limburg 1996, S. 633–717 – Hauschild-Thiessen, Renate: Zwischen Hamburg und Chile. Hochgreve & Vorwerk, Hamburg, Vorwerk & Co., Chile, Vorwerk Gebr. & Co., Hamburg, Vorwerk y Cia. S. A., Chile, Hamburg 1995, S. 97 ff., 138 ff. – Dies.: Art. Vorwerk, Georg Friedrich, in: Hamburgische Biografie 1, Hamburg 2001, S. 328–330 – Schröder, Hans Joachim: Die Brüder Augustus Friedrich und Gustav Adolph Vorwerk. Zwei Hamburger Kaufleute, Hamburg 2009 (Mäzene für Wissenschaft; 5), frei verfügbar über: http://hup.sub.uni-hamburg.de/purl/HamburgUP_MfW05_Vorwerk – Vorwerk, Alfred: Der Kaufmann Georg Friedrich Vorwerk (1793–1867) und seine Frau Christiane, geb. de Voß (1809– 1885), Hamburg 1991 – Vorwerk, Gustav Adolph: Flottbek, hg. von Holger Termer, Hamburg 1987 [Privatdruck]

Augustus Friedrich Vorwerk

* 28. November 1837, Hamburg · † 27. November 1921, Hamburg

Friedrich Vorwerk begann 1854 seine Ausbildung in der väterlichen Firma Hochgreve & Vorwerk in Hamburg. Diese handelte mit „sämtlichen Artikeln": Exportiert wurden vor allem Leinen und andere Textilien, später traten dann technische Erzeugnisse mehr und mehr in den Vordergrund. Nach der dreijährigen Lehrzeit verbrachte Friedrich ein Jahr in England. 1861 machte ihn sein Vater Georg Friedrich Vorwerk zum Teilhaber. Als der Vater 1867 starb, wurde das Geschäft in Vorwerk Gebr. & Co. umbenannt. Seit 1883 bewohnte Friedrich Vorwerk während der Sommermonate die „Villa Josepha" in Nienstedten, ein vom Architekten Martin Haller 1873 erbautes Sommer- und Landhaus. Friedrich Vorwerk hatte eine Reihe von Ehrenämtern inne: 1867 wurde er in die Polizeiwachen-Deputation gewählt, 1882 wurde er Steuerschätzungsbürger und von 1866 bis 1891 war er Kirchenvorsteher von St. Petri. Ferner gehörte er den Vorständen der von seinem Vater ins Leben gerufenen Stiftungen an, der Georg Friedrich Vorwerk-Stiftung und dem Asyl Vorwerk.

Friedrich Vorwerk

Art. Vorwerk, in: Deutsches Geschlechterbuch 200, Limburg 1996, S. 633–717 – Hauschild-Thiessen, Renate: Zwischen Hamburg und Chile. Hochgreve & Vorwerk, Hamburg, Vorwerk & Co., Chile, Vorwerk Gebr. & Co., Hamburg, Vorwerk y Cia. S. A., Chile, Hamburg 1995, S. 117 ff., 138 ff. – Dies.: Art. Vorwerk, Georg Friedrich, in: Hamburgische Biografie 1, Hamburg 2001, S. 328–330 – Schröder, Hans Joachim: Die Brüder Augustus Friedrich und Gustav Adolph Vorwerk. Zwei Hamburger Kaufleute, Hamburg 2009 (Mäzene für Wissenschaft; 5), frei verfügbar über: http://hup.sub.uni-hamburg.de/purl/HamburgUP_MfW05_Vorwerk – Vorwerk, Alfred: Der Kaufmann Georg Friedrich Vorwerk (1793–1867) und seine Frau Christiane, geb. de Voß (1809–1885), Hamburg 1991

Aby Moritz Warburg

* 13. Juni 1866, Hamburg · † 26. Oktober 1929, Hamburg

Max Moritz Warburg

* 5. Juni 1867, Hamburg · † 26. Dezember 1946, New York

Moritz Max Warburg

* 8. Mai 1838, Hamburg · † 29. Januar 1910, Hamburg

1863 wurde Moritz Warburg von seiner Mutter Sara, der eigentlichen Chefin Bankhauses M. M. Warburg & Co., als zweiter Teilhaber des 1798 gegründeten Geldinstituts eingesetzt. 1865 übernahm der Bankier jüdischen Glaubens gemeinsam mit seinem Bruder Siegmund dessen Leitung. Die Geschäftsaktivitäten blieben traditionell, da die Bank ein reines Kommissionsgeschäft, vornehmlich im Ausland, betrieb. Dies tat sie jedoch recht erfolgreich: 1898 war das Geschäftskapital auf 5,7 Millionen Mark gestiegen. Moritz Warburg unterstützte mit namhaften Beträgen das auf eine Stiftung Salomon Heines zurückgehende Israelitische Krankenhaus sowie die Talmud Tora Schule.

Moritz Warburg

Aby Warburg

Seiner Energie und Großzügigkeit war auch der Bau der großen, 1906 fertig gestellten Synagoge am Grindelhof zuzuschreiben. Zusammen mit seiner Frau Charlotte (geb. Oppenheim) hatte er sieben Kinder, darunter fünf Söhne, von denen Aby und Max am bekanntesten waren. Beide gehören wie ihr Vater zu den frühen Donatoren der Hamburgischen Wissenschaftlichen Stiftung und waren von 1916 bis 1929 (Aby) bzw. von 1910 bis 1937 (Max) Mitglied ihres Kuratoriums.

ABY Warburg begann 1886 das Studium der Kunstgeschichte, Geschichte und Archäologie in Bonn, das er später in München und Straßburg fortsetzte. Seine Dissertation über „Sandro Botticellis ‚Geburt der Venus' und ‚Frühling'. Eine Untersuchung über die Vorstellungen von der Antike in der italienischen Frührenaissance" reichte er 1892 ein. Aby Warburgs zentrale Frage war die des Nachlebens der Antike. Nach mehreren Aufenthalten in Florenz siedelte er 1904 endgültig nach Hamburg über. 1912 erhielt er vom Senat den Professorentitel verliehen, 1921 wurde er zum Honorarprofessor an der Philosophischen Fakultät der Hamburgischen Universität ernannt. Für seine umfangreiche Bibliothek (1911: 15.000 Bücher), die die Familie Warburg finanzierte, ließ er ab 1925 in der Heilwigstraße 116 ein eigenes Gebäude bauen, das 1926 als Kulturwissenschaftliche Bibliothek Warburg eingeweiht wurde. Hier hielt er auch Seminare für Studenten der Hamburgischen Universität ab. Zum intellektuellen Umfeld der Bibliothek gehörten so prominente Wissenschaftler wie der Philosoph Ernst Cassirer und der Kunsthistoriker Erwin Panofsky. 1933 konnte sie vor dem Zugriff der Nationalsozialisten gerettet und nach London gebracht werden.

Max Warburg trat nach seiner Lehrzeit und Aufenthalten in Paris und London 1893 als Teilhaber bei M. M. Warburg & Co. ein und entwickelte sich dort schnell zur eigentlichen Führungsperson im Bankhaus, das in der Folgezeit zu einer der wichtigsten Privatbanken Deutschlands aufstieg. Nach dem Tod des Vaters übernahm er auch offiziell die Leitung der Bank. Warburg hatte eine Vielzahl von Ämtern und Positionen inne: So gehörte er der Kaiser Wilhelm-Gesellschaft an und setzte sich zusammen mit seinem Bruder Aby für die Gründung der Hamburgischen Universität ein, die ihm

Max Warburg (1905)

1921 die Ehrendoktorwürde verlieh. Er war Mitglied der Hamburgischen Bürgerschaft (1904 bis 1919: Fraktion des Zentrums) und der Handelskammer (1903 bis 1933). 1919 fungierte er als Finanzsachverständiger der deutschen Friedensdelegation in Versailles und wurde im selben Jahr in den Zentralausschuss, 1924 in den Generalrat der Reichsbank berufen. Außerdem war er seit 1927 Mitglied des Vorstandes des Hilfsvereins der deutschen Juden und von 1935 bis 1938 dessen Vorsitzender. Nach 1933 musste er den Verlust zahlreicher offizieller Ämter hinnehmen. 1937 willigte er im Interesse seiner Angestellten notgedrungen in eine „Arisierung“ der Warburgschen Bank ein. Nach dem Pogrom vom 9./10. November 1938 blieb er in New York und wurde 1944 amerikanischer Staatsbürger. In Rotherbaum ist seit 1947 die Warburgstraße nach ihm benannt.

Chernow, Ron: Die Warburgs. Odysee einer Familie, Berlin 1994 – Gombrich, Ernst H.: Aby Warburg. Eine intellektuelle Biographie, Hamburg 2012 [Originalausgabe London 1970] – Hoffmann, Gabriele: Max M. Warburg, Hamburg 2009 (Hamburger Köpfe) – Kleßmann, Eckart: M. M. Warburg & Co. Die Geschichte eines Bankhauses, Hamburg 1999 – Michels, Karen: „Es muß besser werden!“ Aby und Max Warburg im Dialog über Hamburgs geistige Zahlungsfähigkeit, Hamburg 2015 (Mäzene für Wissenschaft; 17), frei verfügbar über: http://hup.sub.uni-hamburg.de/purl/HamburgUP_MfW17_Warburg – Warburg, Aby M.: Gesammelte Schriften. Studienausgabe, hg. von Horst Bredekamp u. a., 12 Bände in 7 Abteilungen, Berlin 1998 ff. – Warburg, Max M.: Aus meinen Aufzeichnungen, New York 1952 [Privatdruck] – Wuttke, Dieter: Aby M. Warburg-Bibliographie 1866 bis 1995: Werk und Wirkung. Mit Annotationen, Baden-Baden 1998 [enthält 3.102 Titelnachweise sowie Archivmaterial]

Eduard Friedrich Weber

* 19. Juni 1830, Hamburg · † 19. September 1907, Hamburg

Nach Beendigung der Lehre war Eduard Weber von 1849 bis 1850 zunächst bei verschiedenen Firmen in England beschäftigt. 1852 ging er in die chilenische Hafenstadt Valparaiso, wo er 1856 die Im- und Exportfirma Weber, Münchmeyer & Co. gründete, die ab 1861 unter Weber & Co. firmierte und sich zu einer der größten Firmen der südamerikanischen Westküste entwickelte. 1862 kehrte er in seine Geburtsstadt Hamburg zurück und errichtete das auf Salpeter spezialisierte Handelshaus Ed. F. Weber. 1877 wurde er Konsul für die Hawaii-Inseln (bis 1902) sowie Vorsteher und Jahresverwalter der Niederländischen Armen-Casse. Weber, Besitzer mehrerer schlesischer Güter, nannte eine bedeutende, der Öffentlichkeit zugängliche Gemäldegalerie sein Eigen und war einer der größten deutschen Kunstsammler seiner Zeit. Ihm gehörten insgesamt 370 Bilder, darunter Werke von Peter Paul Rubens, Rembrandt, Andrea Mantegna, Hans Holbein d. Ä., Albrecht Dürer und Lucas Cranach d. Ä. Ein Teil dieser Sammlung ging nach Webers Tod an die Hamburger Kunsthalle. In seinem Testament hatte er die komplette Gemäldegalerie der Stadt Hamburg für 2,5 Millionen Mark angeboten, diese lehnte jedoch ab. 1912 wurde der Rest der Sammlung in Berlin für insgesamt 4,4 Millionen Mark versteigert.

Eduard Weber (1905)

Art. Weber, in: Deutsches Geschlechterbuch 210, Limburg 2000, S. 359–474 – Art. Weber, in: Lorenz-Meyer, Eduard L.; Tesdorpf, Oscar L.: Hamburgische Wappen und Genealogien, Hamburg 1890, S. 455–461 – Hatz, Gert; Hatz, Vera: Der Sammler Konsul Eduard Friedrich Weber (1830–1907), in: Nisson, Harald (Hg.): Florilegium numismaticum. Studia in honorem U. Westermark edita, Stockholm 1992, S. 149–161 – Schmincke, Carla: Die Sammlung Konsul Eduard F. Weber, in: Luckhardt, Ulrich (Hg.): Private Schätze: Über das Sammeln von Kunst in Hamburg bis 1933, Hamburg 2001, S. 30–34 – Schmincke, Carla: Sammler in Hamburg. Der Kaufmann und Kunstfreund Konsul Eduard Friedrich Weber (1830–1907), Hamburg 2004

Adolph Woermann

* 10. Dezember 1847, Hamburg · † 4. Mai 1911, Grönwold-Hof bei Trittau

Adolph Woermann wurde am 31. Dezember 1873 Teilhaber der von seinem Vater 1837 gegründeten Firma C. Woermann. Nach dessen Tod 1880 vergrößerte er die Zahl der Niederlassungen in Afrika und baute die hauseigene Reederei aus. Die Firma importierte u. a. Palmöl, Elfenbein, Gummi und exportierte vor allem Alkohol nach Afrika. 1885 wurde die Reederei wegen des großen Geschäftsvolumens vom Handelshaus getrennt. Seit Mitte der 1880er Jahre erwarb Woermann in Kamerun von der deutschen Kolonialverwaltung zu Billigpreisen „Kronland". 1885 gründete er zusammen mit Johann Thormälen die Kamerun Land- und Plantagengesellschaft, die Kakaopflanzungen betrieb. 1898 beteiligte sich Woermann an der Gesellschaft Süd-Kamerun, die im Südosten Kameruns ein Konzessionsgebiet von über 80.000 Quadratkilometer zugesprochen bekam, um dort Kautschuk abzubauen. Woermann besaß das Transportmonopol nach Deutsch-Südwestafrika. Auf seinen und von ihm zugecharterten Schiffen wurden dorthin 1904 Kriegsmaterialien und Truppen gebracht, die den Herero-Aufstand im ersten Völkermord des 20. Jahrhunderts niederschlugen. Später richteten Unternehmen wie die Schifffahrtslinie Woermann in Deutsch-Südwestafrika Lager ein, aus denen sie Zwangsarbeiter bezogen. Woermann war von 1880 bis 1904 Mitglied der Hamburgischen Bürgerschaft (Fraktion der Rechten) und von 1884 bis 1890 Mitglied des Reichstages (nationalliberale Fraktion). Seit 1879 gehörte er der Handelskammer Hamburg an, an deren Spitze er 1884/85 und von 1899 bis 1903 stand. Zur Erinnerung an ihn tragen in Ohlsdorf der Woermannsweg (seit 1922) und der Woermannstieg (seit 1948) seinen Namen.

Adolph Woermann

Eckert, Andreas: Grundbesitz, Landkonflikte und kolonialer Wandel. Douala 1880 bis 1960, Stuttgart 1999, S. 73 f. – Hücking, Renate; Lauer, Ekkehard: Aus Menschen Neger machen. Wie sich das Handelshaus Woermann an Afrika entwickelt hat, Hamburg 1986 – Möhle, Heiko (Hg.): Branntwein, Bibeln und Bananen. Der deutsche Kolonialismus in Afrika. Eine Spurensuche, Hamburg 2011, S. 42 f., 66 ff., 77 – Washausen, Helmut: Hamburg und die Kolonialpolitik des deutschen Reiches 1880 bis 1890, Hamburg 1968, S. 67 ff., 77

Die Donatoren auf der rechten Marmortafel im Hauptgebäude der Universität

Ging es bislang um die Donatoren auf der linken Marmortafel, so richtet sich nunmehr der Blick auf die rechte Seite. Auf dieser sind unter der Überschrift „Begründer und Hauptbeförderer der Hamburgischen Wissenschaftlichen Stiftung" 46 Donatoren(gruppen) verzeichnet, die zwischen dem 6. Mai 1907 und dem 9. Oktober 1920 der Hamburgischen Wissenschaftlichen Stiftung mindestens 20.000 Mark gespendet oder eine Unterstützung in dieser Höhe zugesagt haben. Besonders hervorzuheben sind dabei Friederike Brach und Fanny Kusel sowie die Hugo Stinnes GmbH, die jeweils 100.000 Mark stifteten.[12]

Es zeigen sich zwei Unterschiede zur linken Tafel: Zum einen hinsichtlich der Geldsumme, die aufgebracht werden musste, um namentlich erwähnt zu werden – sie hatte sich von 10.000 auf 20.000 Mark erhöht. Zum anderen in Hinblick auf die Anordnung der Namen – waren diese auf der linken Tafel alphabetisch sortiert, so wurden sie nunmehr mehr oder weniger chronologisch nach Eingang der Spende angeordnet. Vermutlich sind die ersten zwölf Namen (bis „Carl Kusel und Frau Fanny Kusel, geb. Mandl"), entweder gleichzeitig mit denen der linken Säule angebracht worden oder in mehreren Etappen kurz danach.

Die Namen ab „Senator J. Hinrich Garrels", der erst am 12. Januar 1917 dieses Amt übernahm, sind aller Wahrscheinlichkeit nach in einem Schwung ab Mitte Oktober 1920 angebracht worden.[13] Garrels und der Weinhändler und Politiker Otto Patow hatten schon 1916 bzw. 1917 gespendet und letzterer wollte ursprünglich gar nicht genannt werden, doch wird Werner von Melle Otto Patow, der sein Vertrauensmann in der Finanzdeputation war, von der Wichtigkeit eines öffentlichen Spendenbekenntnisses überzeugt haben. Dieses stand sozusagen am Beginn einer großen Spendenaktion im Jahre 1920, mit der die Hamburgische Wissenschaftliche Stiftung über 1,5 Millionen Mark einwarb.[14] Das Kuratoriumsprotokoll vom 3. Juni 1920 weist denn auch darauf hin, dass die Stiftung in letzter Zeit eine Reihe von Schenkungen erhalten habe, „wobei insbesondere für die Bestrebungen der Stiftung zur Anknüpfung und Förderung neuer geistiger Beziehungen zum Auslande Interesse bekundet worden sei".[15] Direkt nach Gründung der Hamburgischen Universität 1919 engagierten sich also einmal mehr zahlreiche Hamburger Bürger für die Hamburgische Wissenschaftliche Stiftung.

Im Folgenden werden die 46 Förderer, die auf der rechten Marmortafel genannt sind, in Kurzbiographien gewürdigt, denen einige Hinweise auf gedruckte Quellen und weiterführende Literatur beigefügt sind. Im Fokus der Ausführungen liegt erneut die wirtschaftliche Tätigkeit der betreffenden Person bzw. des Unternehmens und das bürgerschaftliche Engagement in und außerhalb Hamburgs.

Wie schon beim letzten Abschnitt fällt auch hier auf, dass die bedeutendsten finanziellen Beiträge für die Hamburgische Wissenschaftliche Stiftung von Stiftern mit jüdischem Familienhintergrund geleistet wurden: Sie zeichneten für mehr als ein Drittel der geleisteten Spenden der 46 Donatoren verantwortlich. In Unterschied zur linken

Säule finden sich auf der rechten Säule mit der Hugo Stinnes G.m.b.H., der Reederei Röchling, Menzell & Co. und der Thyssen-Handel G.m.b.H. drei Namen von Unternehmen, die in enger Verbindung mit der rheinischen bzw. saarländischen Schwerindustrie standen. Hugo Stinnes hatte sich spätestens seit 1915 vorgenommen, in der deutschen Schifffahrt eine führende Rolle zu spielen und die Struktur des Hamburger Reedereiwesens zu verändern. Das Engagement von Großindustriellen wie Stinnes für die Wissenschaften in Hamburg mag auch dem Bemühen geschuldet sein, sich in der Hansestadt gesellschaftlich zu etablieren.

12 *Hauptbücher der Hamburgischen Wissenschaftlichen Stiftung 1906–1914 und 1915–1920: Archiv der Hamburgischen Wissenschaftlichen Stiftung. Bei Max Albrecht, Alfred Calmon und Max Emden sowie bei Rappolt & Söhne und den Ölwerken Stern – Sonneborn AG wurden die Spenden vermutlich bis zum 9. Oktober 1920 zugesagt und erst 1921 überwiesen (für die Zeit von 1921 bis 1931 ist das Hauptbuch der Hamburgischen Wissenschaftlichen Stiftung nicht mehr überliefert, so dass für diese Jahre keine Zahlungseingänge nachgewiesen werden konnten).*

13 *Gingen doch am 9. Oktober 1920 die Spenden der beiden ganz unten genannten Personen ein (Friedrich Fleck und Hermann Weinberg). Hingegen sind 13 weitere Förderer, die in der Zeit vom 22. Oktober bis 31. Dezember 1920 mindestens 20.000 Mark überwiesen, nicht namentlich auf der rechten Tafel erwähnt. Dabei handelt es sich um die Kaufleute Leopold M. und Ludwig Durlacher, Otto C. Ernst, Caesar Fera, C. E. Roeper, Hermann Tietz, den Reeder Heinrich F. C. Arp, die Firmen Benedikt Schönfeld & Co., Coutinho Caro & Frau Rudolph Brach H. Renner & Co. AG, die Siemens-Schuckertwerke GmbH, außerdem um das Unternehmen Bd. Blumenfeld, welches der Stiftung am 31. Dezember 1920 100.000 Mark zur Verfügung stellte. Zu Leopold M. und Ludwig Durlacher, die am 29. Dezember 1920 50.000 Mark spendeten, vgl. die Ausführungen auf S. 40 über die Familie Durlacher, die bereits auf der linken Tafel genannt wird.*

14 *Friedrich Lübbren: 45 Jahre Hamburgische Wissenschaftliche Stiftung 1907–1952, Hamburg 1952 [Privatdruck], S. 7. In den Jahren 1921 und 1922 wurde noch einmal knapp 1 Million Mark gesammelt.*

15 *Archiv der Hamburgischen Wissenschaftlichen Stiftung.*

Emilie Friederike Brach

* 12. Januar 1843, Koblenz · † 25. Januar 1939, Hamburg

Friederike (Fides) Brach, geborene Feist-Belmont, entstammte einer Familiendynastie, die die Sektkellerei Feist-Belmont gegründet hatte. 1866 heirate sie Rudolph Brach. Dieser war nach einer Kaufmannslehre beim Mainzer Eisenhandelsunternehmen Gebr. Goldschmidt 1848 nach Amerika gegangen und dort als bewaffneter Händler an der texanisch-mexikanischen Grenze zu Wohlstand gekommen. 1866 kehrte er nach Europa zurück, lebte zunächst in Paris und seit 1868 mit seiner Ehefrau in Hamburg. Das Ehepaar hatte vier Kinder. Friederike Brach war die Großmutter von Rahel Liebeschütz-Plaut, die seit 1936 Mitverwalterin des Vermögens von Rudolph Brach war, der bei seinem Tod 1907 ein Vermögen von ungefähr 16 Millionen Mark hinterlassen hatte.

Friederike Brach

Fischer-Radizi, Doris: Vertrieben aus Hamburg. Die Ärztin Rahel Liebeschütz-Plaut, Göttingen 2019 (Wissenschaftler in Hamburg; 2) – Hoffmann, Dieter: „… wir sind doch Deutsche“. Zu Geschichte und Schicksal der Landjuden in Rheinhessen, Alzey 1992, S. 70 – Richarz, Monika (Hg.): Jüdisches Leben in Deutschland, Band 1: Selbstzeugnisse zur Sozialgeschichte 1780–1871, Stuttgart 1976, S. 475–480 [Auszug aus: Brach, Rudolf: Erinnerungen (bis 1870). Ein Kaufmannsleben an der Texas-mexikanischen Grenze, Teplitz 1895]

Dr. Johann Friedrich August Eddelbüttel

* 20. März 1854, Hamburg · † 22. August 1931, Hamburg

Friedrich Eddelbüttel

Der Grundeigentümer-Verband Hamburg von 1832 wurde am 16. August 1832 als Grundeigentümer-Verein in Hamburg gegründet und ist der älteste seiner Art in Deutschland. Der Verband hat bis heute die Aufgabe, die Belange der privaten Haus-, Wohnungs- und Grundeigentümer wahrzunehmen. Er bezweckt insbesondere die Erhaltung und Förderung des privaten Eigentums in der Grundstücks- und Wohnungswirtschaft. In den frühen 1920er Jahren – einer Zeit, in der fast dreiviertel aller Hamburger Grundstücke den Besitzer wechselten – hatte der in der Fuhlentwiete 4 ansässige Verein rund 10.000 Mitglieder. Vorsitzender war seit dem 5. November 1918 Friedrich Eddelbüttel. Dieser hatte nach dreijähriger kaufmännischer Lehrzeit das Gymnasium in Eutin besucht und danach Rechtwissenschaften in Göttingen, Kiel und Leipzig studiert. 1879 wurde er Referendar, 1883 Assessor, anschließend Rechtsanwalt. Von 1889 bis 1927 war er Mitglied der Hamburgischen Bürgerschaft und gehörte dort der Fraktion des Zentrums an. Bei den Wahlen von 1919 und 1921 trat er für die Grundeigentümer mit der „Liste Dr. Eddelbüttel" an, bei der Bürgerschaftswahl von 1924 dann für die DVP.

125 Jahre Grundeigentümer-Verein in Hamburg von 1832 e.V., Hamburg 1957 – Hamburgische Bürgerschaft: Verzeichnis der Abgeordneten nach den Wahlen vom Oktober 1924 [Hamburg 1924], S. 11 – Hauschild-Thiessen, Renate: Friedrich Höpfner Jahre Grundeigentümer-Verein in Hamburg von 1832 e. V. Ein Beitrag zur Geschichte der Freien und Hansestadt Hamburg, Hamburg 1982, S. 256 ff. – Jahrhundertfeier des Grundeigentümervereins in Hamburg 1832–1932. Festschrift, Hamburg 1932

Friedrich Höpfner

* 30. Juni 1860, Lippstadt · † 20. August 1909, Hamburg

Nach Beendigung der Lehre bei der Kolonialwarenfirma J. D. Epping war Friedrich Höpfner einige Jahre für diese tätig bevor er Lippstadt verließ und nach Hamburg übersiedelte. Hier arbeitete er zunächst für die Gebrüder Michahelles. 1887 wurde er von Theodor Wille als Vertreter für dessen Firma in Santos engagiert. In den folgenden Jahren agierte Friedrich Höpfner dort sehr erfolgreich und erwarb sich zudem als deutscher Konsul Verdienste. Seit 1892 Teilhaber der Wille-Filialen in Santos und São Paulo, kehrte er 1900 nach Hamburg zurück und wurde ein Jahr später Gesellschafter der Firma Theodor Wille. Höpfner wohnte mit seiner Frau Henny, geborene Lehmann, und seinen Kindern im Harvestehuder Weg 85.

Friedrich Höpfner

Art. Theodor Wille, in: Industrielle: Vertreter deutscher Arbeit in Wort und Bild. Biographische Sammlung, Berlin 1915 – Eckstein, Julius (Hg.): Theodor Wille, in: Historisch-biographische Blätter. Der Staat Hamburg. 15. Lieferung, Berlin, Hamburg, Wien 1905/06 – Hamburger Nachrichten Nr. 392 (20. August 1909): † Friedrich Höpfner – Zimmermann, Siegfried, Theodor Wille 1844–1969, Hamburg 1969, S. 100 ff.

Martin Bromberg

* 24. November 1839, Hamburg · † 21. März 1918, Hamburg

1863 übernahm Martin Bromberg das 1845 in Porto Alegre gegründete Handelshaus Holzweissig & Cia. und benannte es in Bromberg & Cia. um. 1870 besaß die Firma bereits vier Filialen und mehrere Beteiligungen. In diesem Jahr eröffnete Brombergs Mitgesellschafter Jacob Rech in Hamburg eine Niederlassung, die europäische Waren für die überseeischen Filialen einkaufte. 1873 siedelte auch Bromberg in die Hansestadt über, wohin sich nunmehr der Schwerpunkt der Firmentätigkeit verlagerte. Er gründete weitere Handelsfirmen und wurde nach Rechs Tod 1887 Alleininhaber des Hamburger Einkaufshauses, das jedoch weiterhin unter den Namen J. Rech firmierte. In der Folgezeit stieg dieses (erst 1910 in Bromberg & Co. umbenannt) zum Marktführer im Export von Eisenwaren, Werkzeugen und anderen Industrieerzeugnissen nach Brasilien und Argentinien auf. 1913 bestand das Unternehmen u. a. aus 30 Verkaufs- und Ingenieursbüros, davon 27 in Brasilien. Die Firmengruppe, an der auch Brombergs Söhne Arthur, Erwin, Fernando, Otto und Waldemar beteiligt waren, beschäftigte rund 900 Angestellte und über 1.500 Arbeiter und setzte jährlich über 50 Millionen Mark um. Sie lieferte nun komplette Fabriken inklu-sive betriebsfertiger Installation, darunter Holzverarbeitungsfabriken, Sägewerke, Textilfabriken, Ziegeleien, Druckereien, Fleischverarbeitungsfabriken, Krananlagen, chemische Fabriken, Brauerein und elektrische Anlagen.

Martin Bromberg

Bromberg & Co., Hamburg: 1863–1913, Hamburg [1913] – Hamburger Nachrichten Nr. 152 (23. März 1918): Martin Bromberg †

Anton Peter Friedrich Kufeke

* 14. Dezember 1863, Hamburg · † 9. Oktober 1938, Hamburg

Johann Rudolph Kufeke war Bäckermeister in Bergedorf und entwickelte ein Verfahren zur Herstellung von Kindernahrung. 1881 übernahm sein Sohn Friedrich die Bäckerei und wandelte sie in eine „Fabrik von diätischem Nähr-Mehl" um. 1898/99 baute er eine neue Fabrik für Nährmittel im Bergedorfer Industriegebiet, und zwar in der Kampchaussee 18 (heute Kurt-A.-Körber-Chaussee). Fortan stellte sein Betrieb vor allem Schon- und Krankenkost her. Bekanntestes Produkt war „Kufekes Kindermehl", das als vollwertiger Muttermilchersatz diente. Die Firma R. Kufeke besaß eine Zweigniederlassung in Wien, die für den Vertrieb in Österreich zuständig war. Friedrich Kufeke war von 1919 bis 1933 im Vorstand des Verbandes der Fabrikanten von Markenartikeln e. V (heute Gesellschaft zur Erforschung des Markenwesens e. V.). Er war seit 1887 mit Helen, geborene Mayo, verheiratet und ließ sich 1896 in der Lamprechtstraße 6 eine Villa erbauen, die 1905 von dem Architekten Julius Faulwasser erweitert wurde. Das Gebäude war das zweitgrößte in Bergedorf und ist heute noch erhalten. Letzte Inhaber der Fabrik waren Rudolf und Otto Kufeke sowie Hellmut Schütz. 1952 ging der Betrieb in Konkurs und das Firmengelände wurde von Kurt Körber aufgekauft, um es für seine Hauni zu nutzen.

Friedrich Kufeke

Freiwald, Eckhard; Freiwald-Korth, Gabriele: Hamburgs alte Fabriken - einst und jetzt, Erfurt 2013, S. 146, 148 – Hamburger Adressbuch, verschiedene Jahrgänge – Richert, Harald: Art. Kufeke, Johann Rudolph, in: Matthes, Olaf; Metzger, Bardo (Hg.): Bergedorfer Personenlexikon, Hamburg ²2003; S. 120 – Seemann, Agnes: Bergedorf, Lohbrügge, Hamburg 1997, S. 88 ff.

Henry Budge

* 20. November 1840, Frankfurt am Main · † 20. Oktober 1928, Hamburg

Aus einer wohlhabenden jüdischen Familie stammend, war Henry (ursprünglich Heinrich) das dritte von sieben Kindern des Wertpapierhändlers Moritz Budge. 1866 wanderte Heinrich in die USA aus, gründete zunächst mit Leo Lehmann und Jacob Schiff die Firma „Budge, Schiff und Co." und trat dann 1876 in das Bankhaus L. Hallgarten & Co ein, dessen Teilhaber er 1883 wurde. Budge war Fachmann für die Sanierung von Eisenbahnen und brachte es zu einem Millionenvermögen. 1879 lernte er Emma Lazarus kennen, die einer alteingesessenen jüdischen Kaufmannsfamilie aus Hamburg entstammte. Beide heirateten und nahmen die 1882 amerikanische Staatsbürgerschaft an. 1903 siedelte das kinderlose Ehepaar nach Hamburg über und bezog eine Villa am Harvestehuder Weg 12, in der sich nach dem Umbau zu einem „kleinen Schloss im Stil der französischen Renaissance" mehr als 50 Räume sowie ein Musikzimmer und ein dem Haus angefügter Theatersaal (Spiegelsaal) befanden. Auch die Inneneinrichtung war kostbar: Budges sammelten Porzellan, Gemälde, Silber, Möbel, Teppiche, Tapisserien und anderes mehr. Die Villa wurde zu einem gesellschaftlichen und kulturellen Zentrum. Gleich in drei Städten, Hamburg, Frankfurt am Main und Wetzlar, engagierten sich die Budges als Stifter und Mäzene. So gründeten sie u. a. die heute noch bestehende Henry und Emma Budge Stiftung, die ältere Menschen unterstützt, und setzten sich mit größeren Summen für die Universitätsgründungen in Frankfurt am Main und Hamburg ein. Seit 1945 gibt es in Winterhude eine Henry-Budge-Straße.

Henry Budge

Arnsberg, Paul: Henry Budge. Der „geliebten Vaterstadt-Segen gestiftet", Frankfurt am Main 1972 – Hauschild-Thiessen, Renate: Henry Budge (1840–1928), seine Frau Emma geborene Lazarus (1852–1937) und das Haus Harvestehuder Weg 12, in: Hamburgische Geschichts- und Heimatblätter 15 (2006), S. 135–152 – Dies.: Art. Budge, Emma, in: Hamburgische Biografie 4, Hamburg 2008, S. 69–71 – Dies.: Art. Budge, Henry, in: Hamburgische Biografie 4, Hamburg 2008, S. 71–72

Dr. h. c. Gustav Moritz Adolf Aufschläger

* 9. Februar 1853, Jahnishausen (Meißen) · † 9. April 1934, Hamburg

Nach seinem Studienabschluss in Heidelberg war Gustav Aufschläger von 1878 bis 1882 Assistent im chemischen Laboratorium des Königlich-Sächsischen Polytechnikums in Dresden. 1882 gründete er die Dynamitfabrik Muldenhütten bei Freiberg und übernahm zwei Jahre später die Leitung der inzwischen gegründeten Dresdener Dynamit-AG bei Radebeul. 1889 wurde er vom befreundeten Alfred Nobel als Generaldirektor in den Vorstand der Dynamit AG (vormals Alfred Nobel & Co.) nach Hamburg berufen und stand 37 Jahre an der Spitze dieses Unternehmens. Aufschläger gründete das Generalkartell und leitete die in der Deutschen Union vereinigten Gesellschaften der Sprengstoff-Industrie. Daneben gehörte er zahlreichen Aufsichtsräten an, u. a. dem der Norddeutschen Bank. Ab 1900 produzierte er Munition in seinen Werken. Nach dem Ersten Weltkrieg stellte er diese auf die Erzeugung von Kunststoffen um und schloss sie 1926 mit seinem Ausscheiden der IG Farben an, aus deren Aufsichtsrat er 1933 ausschied. Wegen seiner Verdienste um die Herstellung von Rohprodukten wie Schwefelsäure, Salpetersäure und Glycerin verlieh ihm die technische Hochschule Aachen 1920 die Ehrendoktorwürde. Um den zahlreichen Unglücksfällen in Bergwerken entgegenzuwirken, entwickelte er ein Patent für die Fabrikation von Sicherheits-Sprengstoffen. Aufschläger gehörte von 1914 bis zu seinem Tod dem Kuratorium der Hamburgischen Wissenschaftlichen Stiftung an.

Gustav Aufschläger

Die chemische Industrie 57, 15 (1934), S. 273: Geheimrat Dr. Gustav Aufschläger † – Hamburger Nachrichten Nr. 70 (11. Februar 1923): Geh. Hofrat Dr. Gustav Aufschläger – Hamburger Fremdenblatt Nr. 42 (12. Februar 1923): Geh. Hofrat Dr. Gustav Aufschläger – Klinckowstroem, Carl Graf von: Art. Aufschläger, Gustav Moritz Adolf, in: Neue Deutsche Biographie 1, Berlin 1953, S. 443 – Martin, Gustav: Geschichtliche Entwicklung der Kartellbildung in der deutschen Sprengstoff-Industrie, Heidelberg 1903, S. 61 f. – Müller, Paul: Gustav Aufschläger †, in: Zeitschrift für das gesamte Schieß- und Sprengstoffwesen 29 (1934), S. 127–128

Alphonse Cellier

* 11. Juni 1860, Hamburg · † 7. August 1926, Hamburg

Nachdem Alphonse Cellier die Lehre in der Schiffsmaklerfirma seines Vaters Eugen absolviert hatte, ging er nach Italien und Frankreich, wo er in verschiedenen Geschäften als Voluntär tätig war. Bereits in jungen Jahren übernahm er nach dem Tod des Vaters die Leitung von dessen Firma. 1906 war Alphonse Cellier einer der Gründer des Hafenbetriebsvereins und von 1913 bis 1919 hatte er bei der Vereinigung der Hamburger Schiffsmakler und Schiffsagenten e. V. den Vorsitz inne. Er wohnte seit 1900 in der Rothenbaumchaussee 133 und engagierte sich seit 1901 in der Patriotischen Gesellschaft und seit 1917 im Kunstverein.

Alphonse Cellier, in: Jahrbuch der Schiffbautechnischen Gesellschaft 27 (1926), S. 59 – Hamburger Adressbuch, verschiedene Jahrgänge

Friedrich Wilhelm Grote

* 12. Dezember 1852, Bremen · † 20. Oktober 1926, Hamburg

Der Kaufmann Friedrich Grote war von 1893 bis 1926 Inhaber Firma J. & M. Popert Nfg., die 1827 von Joseph Popert gegründet worden war und Häute aus Buenos Aires und Rio Grande importierte. Der Firmensitz befand sich in der Großen Theaterstraße 31 und seit 1906 am Neuen Wall 26/28. Zunächst führte Grote das Geschäft mit Carl Georg Popert, einem Sohn des Firmengründers. Nach dessen Tod 1898 leitete er es dann alleine, wobei Poperts Erben kommanditistisch beteiligt blieben. 1903 trat Carl Alexander Hütz als Teilhaber ein, der Schwiegersohn von Martin Popert war, einem weiteren Sohn des Firmengründers. Zehn Jahre später, 1913, wurde auch Friedrich Grotes Neffe, Carl Georg Grote, Mitinhaber. War die Firma zunächst auf die Einfuhr von Häuten spezialisiert, so stellte sie nach dem Ende des Ersten Weltkrieges auf ein ausschließliches Vertretergeschäft um und dehnte ihre überseeischen Verbindungen aus. Friedrich Grote war unverheiratet und wohnte seit 1906 im Harvestehuder Weg 6. Er war seit 1890 Mitglied des Kunstgewerbe-Vereins und seit 1906 ehrenamtlich als Handelsrichter tätig.

Friedrich Grote

125 Jahre Hamburger Häute-Einfuhrhandel. 1827 Joseph Popert, 1866 J. & M. Popert, 1893 J. & M. Popert Nfg., Hamburg 1952 – 125 Jahre J. & M. Popert Nfg., Hamburg 1827–1952, Hamburg 1952 – Grisebach, Joachim: Popert-Chronik. Familie Popert in Hamburg und Altona, Hamburg 1988, S. 30 ff., 45, 64, 72 – Hamburger Adressbuch, verschiedene Jahrgänge

BERNHARD LEVINSOHN

* 5. November 1828, Hamburg · † 20. Dezember 1911, Hamburg

1863 wurde Bernhard Levinsohn Inhaber der Firma M. L. Samuel & Co. in der Rothenbaumchaussee 57 (seit 1871 im Harvestehuder Weg 4). Sein Vater Samuel Levinsohn, war mit Ricke, geb. Holländer, verheiratet und hatte das Geschäft 1814 gegründet. Bernhard Levinsohn, der jüdischen Glaubens war, blieb unverheiratet und kinderlos. Die Spende von 25.000 Euro an die Hamburgische Wissenschaftliche Stiftung stammte aus seinem Nachlass.

Hamburger Adressbuch, verschiedene Jahrgänge

Marie Elisabeth von Melle

* 8. Dezember 1827, Hamburg · † 21. Februar 1912, Hamburg

Marie von Melle war die Tochter des bedeutenden kaufmännischen Senators Heinrich Geffcken und von Elisabeth, geborene Merckel. 1850 heiratete sie den Kaufmann Emil von Melle, der 1867 Senator wurde. Das Paar hatte 5 Kinder, darunter Antonie von Melle, die später Otto Wilhelm Mönckeberg heiratete, und Werner von Melle. Letzterer attestierte seiner Mutter eine „poetische Begabung". Marie von Melles Neffe, Johannes Geffcken, charakterisierte seine Tante als einen „echten Typus althamburgischer Vornehmheit in seiner einfachen Größe". Marie von Melles Haus an der Alsterterasse 7 bildete über viele Jahre den geselligen Mittelpunkt für die engere und weitere Familie und deren Freunde. Marie von Melles Spende an die Hamburgische Wissenschaftliche Stiftung vom 9. Juni 1912 stammte aus ihrer Hinterlassenschaft.

Marie von Melle

Melle, Werner von: Jugenderinnerungen. Mit einer familiengeschichtlichen Einleitung, Hamburg 1928, S. 67 f. – Richter, Myriam I.: Stadt – Mann – Universität. Hamburg, Werner von Melle und ein Jahrhundert-Lebenswerk, Teil 1: Der Mann und die Stadt, Hamburg 2016, frei verfügbar über: http://hup.sub.uni-hamburg.de/purl/HamburgUP_MfW18_1_Melle

Carl Kusel

* 24. Oktober 1831 · † 16. August 1895, Hamburg

Fanny Kusel, geb. Mandl

* 19. Juni 1844, Pöhrlitz (Mähren) · † 27. November 1914, Hamburg

Carl Kusel kam um 1860 nach Hamburg und war zunächst als Agent in der Drehbahn 41 tätig. 1864 verlegte er sein Geschäft in die Straße Grimm 26 und gründete dort zwei Jahre später eine Fabrik zur Herstellung von Gaskronen und von zur Gasbeleuchtung gehörenden Gegenständen. Diese existierte bis 1890 und hatte ihren Sitz zuletzt in den Hohen Bleichen 30. Privat lebte er mit seiner Frau Fanny, geborene Mandl, und Sohn Joseph im Mittelweg 4 und seit 1873 in der Schäferkampsallee 2. Carl Kusel wurde auf dem Jüdischen Friedhof Ohlsdorf beerdigt.

Hamburger Adressbuch, verschiedene Jahrgänge

Johann Hinrich Garrels

* 31. August 1855, Leer · † 4. November 1920, Hamburg

Nach der Lehre in der väterlichen Holzhandlung wurde Johann Hinrich Garrels 1875 Angestellter in der Firma Siemssen & Co., für die er ab 1877 in Hongkong und Shanghai tätig war. In China wechselte er 1882 zur Firma Meyer & Co., wurde dort Prokurist und ab 1884 Teilhaber. 1897 kehrte Garrels in die Hansestadt zurück. Die Firma Meyer & Co. wurde 1908 nach ihren Hauptteilhabern in Garrels & Börner umbenannt, in Hongkong firmierte sie unter Garrels, Börner & Co. Bis zum Ausbruch des Ersten Weltkrieges zählte Garrels & Börner zu den größten europäischen Chinafirmen. Garrels war Mitglied in verschiedenen Aufsichtsräten, u. a. bei den Hamburgischen Elektrizitätswerken. Als er 1904 in die Hamburger Bürgerschaft gewählt wurde, gehörte er zunächst der Fraktion der Rechten an, wechselte jedoch zwei Jahre später mit anderen Gegnern des neuen Wahlrechts zu den Vereinigten Liberalen, der ersten bürgerlichen Fraktion in der Bürgerschaft mit eigenem politischen (linksliberalen) Profil. Während seiner Zeit in der Bürgerschaft war er war Mitglied der Finanzdeputation, der Oberschulbehörde und des Armenkollegiums. Am 12. Januar 1917 wurde er in den Hamburger Senat gewählt, dem er bis zu seinem Tode angehörte. Dort arbeitete er unter anderem in der Steuerdeputation und in der Behörde für Wohnungspflege. Seit 1952 ist der Garrelsweg in Blankenese nach ihm benannt.

Johann Hinrich Garrels

Buhl, Adolf: Aus der alten Ratsstube. Erinnerungen 1905–1918, Hamburg 1973 (Vorträge und Aufsätze / Verein für Hamburgische Geschichte; 19), S. 21, 34 f. – Hamburger Fremdenblatt Nr. 534 (4. November 1920): Senator Johann Hinrich Garrels – Smith Carl T.: The German Speaking Community in Hong Kong 1846–1918, in: Journal of the of the Royal Asiatic Society Hong Kong Branch 34 (1994), S. 1–55, S. 40 – Wiegand, Frank-Michael: Die Notabeln. Untersuchungen zur Geschichte des Wahlrechts und der gewählten Bürgerschaft in Hamburg 1859–1919, Hamburg 1987 (Beiträge zur Geschichte Hamburgs; 30), S. 209 ff.

Wilhelm David Otto Patow

* 15. Februar 1847, Hamburg · † 29. April 1932, Hamburg

Nach Beendigung der Lehre bei der Firma G. J. H. Siemers & Co. ging Otto Patow 1866 in die Vereinigten Staaten, zunächst nach New York, später nach Mobile, Alabama. 1869 kehrte er nach Hamburg zurück und trat er als Kommis in die Weinhandlung seines Vaters Hermann Ferdinand Otto Patow ein. Zu Beginn des Jahres 1878 liquidierte er diese und wurde Teilhaber der Weinhandlung seines Onkels Gerhard Julius Cords, D. A. Cords Söhne. Von 1893 bis 1899 war Otto Patow Mitglied der Handelskammer. Der Hamburgischen Bürgerschaft gehörte er von 1895 bis 1919 an (bis 1917 der Fraktion der Rechten, danach der Fraktion der Nationalliberalen) und der Finanzdeputation von 1899 bis 1907. Laut deren Staatsrat Leo Lippmann zeigte Patow „stets Verständnis für alle sozialen Fragen" und war er der Auffassung, „daß öffentliche Gelder nicht nur für das unbedingt Lebensnotwendige verwandt werden dürften, sondern auch für die Förderung geistiger Belange". So setzte er sich in der Kommission zur Erbauung eines Museums für Hamburgische Geschichte für den Bau eines repräsentativen Museumsgebäudes ein. Seit 1915 war er Mitglied der Kommission für Kriegsversorgung – einer besonderen Behörde für die Lebensmittelversorgung. Dem Kuratorium der Hamburgischen Wissenschaftlichen Stiftung gehörte er von 1910 bis 1929 an. 1918 zog sich Otto Patow aus dem aktiven Geschäftsleben zurück.

Otto Patow (1905)

Lippmann, Leo: Mein Leben und meine amtliche Tätigkeit. Erinnerungen und ein Beitrag zur Finanzgeschichte Hamburgs. Aus dem Nachlaß herausgegeben von Werner Jochmann, Hamburg 1964, S. 129, 207 – Patow, Otto: Aus dem Leben eines Alltagsmenschen. Eine Sonntagsarbeit, Hamburg 1918/20 [Privatdruck] – Ders.: Die Universität Hamburg, in: Hamburger Fremdenblatt Nr. 125 (6. Mai 1918) – Ders.: Der „Herr am Walde" der Finanzdeputation und die jährliche Inspektionstour der Finanzdeputation nach Wohldorf, in: Unsere Heimat, die Walddörfer 21 (1983), S. 64–66

Dr. Gertrud Troplowitz

* 23. Juli 1869, Posen · † 20. August 1920, Hamburg

Gertrud, geborene Mankiewicz, war die Ehefrau des Unternehmers und Mäzens Oskar Troplowitz. Dieser übernahm 1890 das Kleinunternehmen des Apothekers Paul C. Beiersdorf und baute die Firma zu einem Betrieb auf, der schon bald weltweit aktiv war. Er entwickelte Produkte und Marken, die bis zum heutigen Tag weithin bekannt sind, so z. B. Leukoplast (1901), Labello (1909) und Nivea (1912). Grundlage für seinen wirtschaftlichen Erfolg war die außerordentliche kluge Auswahl seiner Mitarbeiter und dass er ein ausgesprochen sozial orientierter Unternehmer war. Auch politisch war Oskar Troplowitz engagiert: Seit 1894 hamburgischer Staatsangehöriger – und als gebürtiger Jude 1910 zum Christentum konvertiert –, gehörte er sowohl der Bürgerschaft (1904–1910), als auch der Bau- (1906–1918), Schul- (1910–1916) und Finanzdeputation (ab 1916) an. Die Ehe mit Gertrud Troplowitz blieb kinderlos. Das Paar unternahm viele Reisen durch Europa und sammelte Kunst. Beraten durch den Maler Friedrich Ahlers-Hestermann trugen Gertrud und Oskar Troplowitz ab 1909 eine bedeutende Kunstsammlung zusammen, zu der Werke von Max Liebermann, Pablo Picasso, Auguste Renoir und Max Slevogt zählten. Gemeinsam förderten sie Maler wie Franz Nölken oder Fritz Friedrichs, indem sie diese mit Werken zur Ausstattung ihres Hauses beauftragten oder sie direkt mit Geld unterstützten. Nach dem Tod von Gertrud Troplowitz gelangten aus ihrem Nachlass 17 Gemälde als Schenkung an die Hamburger Kunsthalle – eine bedeutende Bereicherung der Sammlung.

Gertrud Troplowitz (um 1900)

Beiersdorf, Leonie: Oscar Troplowitz. Ein Leben für Hamburg, Ostfildern 2013 – Claussen, Christiane: „Es gibt auch unter den Lebenden Meister …“. Der Unternehmer Oscar Troplowitz auf dem Weg in die Moderne, in: Luckhardt, Ulrich (Hg.): Private Schätze. Über das Sammeln von Kunst in Hamburg bis 1933, Hamburg 2001, S. 58–61 – Kaum, Ekkehard: Oscar Troplowitz. Forscher, Unternehmer, Bürger, Hamburg 1982 – Tode, Sven: Art. Troplowitz, Oscar, in: Hamburgische Biografie 1, Hamburg 2003, S. 318–319 – Walda, Christian (Hg.): Oscar Troplowitz. Sozialer Unternehmer und Kunstmäzen, Rendsburg 2010

Leo Robinsohn

* 12. März 1867, Borek (Krotoschin) · † 2. Februar 1958, Hamburg

Max Michaelis Robinsohn

* 25. Juli 1862, Borek (Krotoschin)

Die Brüder Max und Leo Robinsohn siedelten 1892 von Posen nach Hamburg über. Sie gründeten einen Manufakturwarenladen, der kontinuierlich expandierte und schon bald zum führenden Modehaus für Damen und Kinder in Hamburg gehörte. Das Geschäft befand sich auf drei Grundstücken am Neuen Wall 25 bis 31, wo in 15 Schaufenstern die Ware präsentiert wurde. Der Familienbetrieb beschäftigte in seiner Hochphase rund 700 Mitarbeiter und war mit Niederlassungen unter anderem in Düsseldorf und Frankfurt am Main vertreten. Die Gebrüder Robinsohn litten nach 1933 stark unter den nationalsozialistischen Repressalien. Das Modehaus am Neuen Wall wurde beim Novemberpogromen vom 9. auf den 10. November 1938 komplett verwüstet. Die Seniorchefs wurden inhaftiert und es wurde ein Verfahren wegen „Rassenschande" eröffnet. Leo Robinsohn wurde im Juli 1939 ohne Begründung aus der Haft entlassen, Max Robinsohn aus „Mangel an Beweisen“ freigesprochen. Am 30. März 1939 wurde die Firma „arisiert“ und weit unter dem eigentlichen Wert verkauft. Max Robinsohn wanderte noch vor dem Ausbruch des Zweiten Weltkrieges mit seiner Frau Therese, geborene Lungenbach, nach Malmö aus. Ihre beiden Kinder Hilde Roters-Robinson und Hans Robinsohn lebten später in New York bzw. Kopenhagen, letzterer arbeitete von 1960 bis 1965 in der neugegründeten Forschungsstelle für die Geschichte des Nationalsozialismus in Hamburg.

Benz, Wolfgang, Deutsche Juden im 20. Jahrhundert: Eine Geschichte in Porträts, München 2011, S. 25–35 – Hamburger Freie Presse Nr. 170 (25. Juli 1952): Max Robinsohn 90 Jahre alt

Hugo Oskar Hartig

* 20. Januar 1871, Hameln · † 16. März 1928, Hoisdorf

Der Kaufmann und Bankier Hugo Hartig stammte aus einer konvertierten jüdischen Familie, die in Hameln ansässig war. Im Alter von fünfzehn Jahren brach er seine schulische Ausbildung ab und begann in Hamburg eine Lehre. Nach deren Abschluss folgten Stationen in Paris, London und Madrid. 1897 gründete er in Hamburg seine eigene Firma Hugo Hartig, die sich auf den Handel und die Produktion von Zellulose spezialisierte. Hartig war seit 1898 mit Charlotte Hedwig, geborene Asch, verheiratet, im darauffolgenden Jahr wurde das einzige Kind Charles geboren. 1913/14 ließ sich Hartig einen Sommersitz in Hoisdorf an der Oetjendorfer Landstraße bauen, den er „Waldfrieden" nannte. Die Villa wurde vom Architekten Oscar Gerson entworfen und befand sich in einem 13,1 Hektar großen Park. Nach dem Tod seines Vaters übernahm Charles Hartig die Firmenleitung und erbte das Anwesen. Er verließ 1935 Deutschland und emigrierte über England in die USA. Der Hoisdorfer Besitz wurde 1937 unter Wert für 100.000 Mark an Werner Kühne, Mitinhaber der Spedition Kühne & Nagel, zwangsverkauft. 1952 kam es nach zähen Verhandlungen beim Wiedergutmachungsamt in Kiel zu einem Vergleich: Die Propstei Stormarn kaufte das Anwesen für 105.000 Mark, wobei die eine Hälfte des Kaufpreises an die Hartigs und die andere an die Kühnes ging. Heute befindet sich in der Villa eine Seniorenresidenz, die von der Convivo Unternehmensgruppe betrieben wird. 1937 wurde auch die Firma Hugo Hartig „arisiert" und trug nun den Namen Lange, Schulz & Co. 1939 trat Conrad Jacobsen als Gesellschafter dem Unternehmen bei, das 1980 in die Conrad Jacobsen GmbH umgewandelt wurde. Heute ist die Firma auf den weltweiten Handel mit Papier und Zellstoff spezialisiert.

Hugo Hartig

Schwalm, Ulrike: Ein Hausmeister schreibt Geschichte, in: Hamburger Abendblatt Nr. 9 (11. Januar 2008), S. 3 (Ahrensburger Zeitung) – Sulanke, Alexander: Die Kirche stellt sich der Nazi-Zeit, in: Hamburger Abendblatt Nr. 64 (16. März 2004), S. 3 (Ahrensburger Zeitung) – Wergin, Joachim: Vom „Waldfrieden" zu „Lichtensee". Vom jüdischen Landsitz zum kirchlichen Altersheim, in: Der Waldreiter Nr. 55, 4 (April 2004), S. 28–31

Julius Schindler

* 30. Mai 1878, Moravská Třebová (Mährisch Trübau) · † 20. Dezember 1941, Great Neck (New York)

Julius Schindler war der Sohn eines wohlhabenden jüdischen Tuchfabrikanten aus Mährisch Trübau. Er absolvierte ab 1892 in Wien eine kaufmännische Ausbildung und war anschließend dort als Handelsangestellter tätig. Nach Stationen in Belgien als Handelsvertreter für die späteren Oelwerke Stern-Sonneborn A.-G. übernahm er 1905 die Prokura für den Standort Hamburg. Ab 1908 machte er sich selbstständig und gründete die Handelsfirma Julius Schindler. Er gehörte zu den ersten, die russisches Maschinenöl in die Vereinigten Staaten einführten. Im Gegenzug importierte er bis zum Ausbruch des Ersten Weltkrieges amerikanisches Mineralöl nach Europa. Ab 1917 erwarb er mehrere Mineralölwerke und das Unternehmen firmierte als Oelwerke Julius Schindler GmbH. Schindlers Raffinerien stellten Schmieröle aller Art für die chemische, kosmetische und medizinische Industrie her. Der Firmensitz war seit 1920 das Kontorhaus Hohe Bleichen 28. 1927 gründete er die Tankschiffreederei Julius Schindler GmbH. Schindler engagierte sich aktiv in der jüdischen Gemeinde in Altona und Hamburg. Er wanderte im Herbst 1931 aus und nahm 1932 die liechtensteinische Staatsbürgerschaft an. Seine Unternehmen wurden 1938 von den Nationalsozialisten „arisiert". Bis 1939 lebte er in Frankreich, danach in den USA. Die Raffinerie H&R Ölwerke Schindler GmbH in Hamburg ist heute ein weltweit führender Hersteller von Weichmacherölen für die Reifenindustrie. Seit 1992 ist die Julius-Schindler-Straße in Wilhelmsburg nach ihm benannt.

Julius Schindler

25 Jahre Oelwerke Julius Schindler, Hamburg 1933 – Detlefsen, Gert U.: Tankreederei Julius Schindler, Hamburg, in: ders.: Deutsche Reedereien, Band 2, Bad Segeberg 1995, S. 160–169 – Karlsch, Rainer und Stokes, Raymond G.: Faktor Öl: Die Mineralölwirtschaft in Deutschland 1859–1974, S. 208 – Müller, Theo; Schlapkohl, Annette: 100 Jahre Schindler. Chronik einer Hamburger Firma, Husum 2008, S. 9 ff.

Dr. Max Albrecht

* 24. Oktober 1851, Liegnitz · † 12. Dezember 1925, Hamburg

Max Albrecht entstammte einer deutsch-jüdischen Kaufmanns- und später Juristenfamilie. Er studierte Chemie in Halle und wurde dort 1871 zum Dr. phil. promoviert. Anschließend arbeitete er in der sächsischen Braunkohlenindustrie. 1874 ging er ins böhmische Aussig, um die Leitung einer von ihm entworfenen Fabrik zur Verarbeitung galizischen Erdwachses zu übernehmen. Bereits drei Jahre später wurde er Teilhaber der Firma A. Oehlrich & Co. in Riga, die Wagenfette herstellte. In den folgenden Jahren errichtete er Mineralschmieröl-Raffinerien in Riga, Baku und 1884 in Hamburg. 1891 trat Albrecht aus der Rigaschen Firma aus und übernahm die Fabriken in Baku und Hamburg sowie die Reservoiranlagen und Abfüllstation in Batum auf alleinige Rechnung unter der Firma Mineralölwerke Albrecht & Co. KG. Albrecht setzte für regelmäßige Fahrten zwischen Batum und Hamburg den Tankdampfer „Bakuin" ein und wirkte damit auf diesem Gebiet der Schifffahrt bahnbrechend. Nach dem ersten Weltkrieg richtete er den Fokus auf die Verarbeitung amerikanischen Rohöls in Duisburg und Mannheim. Neben seiner Tätigkeit als Unternehmer verfasste Albrecht zahlreiche wissenschaftliche Schriften. Er war Vorsitzender des von ihm gegründeten Reichserdölverbandes. 1911 stiftete er das Hamburger Säuglingsheim. Von 1911 bis 1925 hatte er den Vorsitz des Kunstvereins inne. Der Hamburgischen Bürgerschaft gehörte er von 1900 bis 1919 an, und zwar als Mitglied der Fraktion der Rechten.

Max Albrecht (1905)

Bauer, Reinhold: Art. Albrecht, Max, in: Hamburgische Biografie 2, Hamburg 2003, S. 26–27 – Eckstein, Julius (Hg.): Mineralölwerke Albrecht & Co., in: Historisch-biographische Blätter. Der Staat Hamburg. 4. Lieferung, Berlin, Hamburg, Wien 1905/06 – Hieke, Ernst: Wilhelm Anton Riedemann. Anfang und Aufstieg des deutschen Petroleumhandels in Geestemünde und Hamburg 1860–1894, Hamburg 1963, S. 268 ff., 280 ff. – Möring, Maria: Art. Albrecht, Max, in: Neue Deutsche Biographie 1, Berlin 1953, S. 184 – Nordheim, Martin: Das Hamburger Säuglingsheim. Seine Entstehung und Geschichte von der Gründung bis Ende 1913, Hamburg 1914

DR.-ING. H. C. ALFRED CALMON

* 27. April 1861, Berlin · † 14. Februar 1930, Hamburg

NACHDEM er seine Reifeprüfung an der Königlichen Realschule in Berlin bestanden hatte, ging Alfred Calmon bei C. Wilezinski in die Lehre. Der Betrieb hatte sich auf den Import amerikanischer und kanadischer Maschinen spezialisiert. Seine technische Ausbildung absolvierte Calmon bei W. Ritter, einer Maschinenfabrik in Altona. 1886 gründete er ein technisches Gummiwarengeschäft unter dem Namen Alfred Calmon. 1894 wandelte er das Unternehmen in Gemeinschaft mit der AEG in eine GmbH um, zwei Jahre später in die Asbest- und Gummiwerke Alfred Calmon AG. Diese stellten vor allem Treibriemen, Gummischuhe, Auto-, Fahrrad- und Motorrad-Reifen her. Calmon selbst stand jahrelang als Generaldirektor an der Spitze des Unternehmens, im Aufsichtsrat saßen unter anderem Albert Ballin, Johann Hinrich Garrels und Kurt Siemers. Daneben war Calmon Mitglied des Hauptausschusses des Reichsverbandes der Industrie. Vor dem Ersten Weltkrieg hatte die Gesellschaft Zweigfabriken in Frankfurt am Main, Wien und Turin und eine eigene Asbestmine in Kanada. 1921 betrug ihr Grundkapital 20 Millionen Mark. Neben seiner beruflichen Tätigkeit galt Calmon als großer Kunstfreund. 1927 trat er von der Leitung seines Unternehmens zurück, verblieb aber im Aufsichtsrat.

Alfred Calmon

Art. Calmon, Alfred, in: Reichshandbuch der deutschen Gesellschaft, erster Band, Berlin 1930, S. 258–259 – Art. Calmon, Alfred, in: Wenzel, Georg (Hg.): Deutscher Wirtschaftsführer. Lebensgänge deutscher Wirtschaftspersönlichkeiten. Ein Nachschlagebuch über 13000 Wirtschaftspersönlichkeiten unserer Zeit, Hamburg, Berlin, Leipzig 1929, Sp. 367–368 – Asbest- und Gummiwerke Alfred Calmon Aktiengesellschaft. Satzung, Hamburg 1921 – Hamburgischer Correspondent Nr. 76 (14. Februar 1930): Dr. Alfred Calmon

Franz Max Rappolt

* 3. Juli 1870, Hamburg · † 25. November 1943, Theresienstadt

Paul Ludwig Rappolt

* 6. August 1863, Hamburg · † 4. Dezember 1940, Hamburg

Nach ihrer kaufmännischen Lehre traten die Brüder Arthur, Paul und Franz Rappolt in die 1862 gegründete väterliche Firma Oppenheim & Rappolt ein. Diese stellte hochwertige Herren-Mäntel im englischen Stil und Gummimäntel her und betrieb einen Großhandel mit Herren-Modeartikeln. Als der Mitinhaber Julius Oppenheim um 1892 ausschied, rückten Arthur und Paul Rappolt in die Geschäftsleitung auf. Seit 1897 führte die Firma den Namen Rappolt & Söhne. Franz Rappolt leitete von 1899 bis 1903 die Berliner Filiale in der Kurstraße 38. 1903 wechselte er zum Hamburger Hauptsitz und avancierte im folgenden Jahr zum Mitinhaber. Fortan war er für die Finanzen des Betriebes verantwortlich, der sich zu einem der größten jüdischen Unternehmen in Hamburg entwickelt hatte, während sich sein Bruder Paul um den Bereich Webmuster und Stoffe kümmerte. Als die Räumlichkeiten in der Admiralitätsstraße 71/72 zu eng wurden zog die Firma 1911 in ein vom Architekten Fritz Höger gestaltetes Backstein-Kontorhaus in der Mönckebergstraße 11–13 (Rappolt-Haus 1 und 2) um. 1921 wurde Franz Rappolt ins Plenum der Handelskammer gewählt, aus dem er 1933 ausscheiden musste. Der wirtschaftliche Niedergang des Familienunternehmens begann mit der Machtübernahme der Nationalsozialisten. 1938 wurde die Firma zu einem Preis, der weit unter dem Marktwert lag, an „arische" Kaufleute zwangsverkauft und die beiden Firmeninhaber Franz und Paul Rappolt mussten mit ihren Söhnen und Neffen aus dem Unternehmen ausscheiden. Profiteure waren die Käufer Walter Hanssen, Gottfried Dubelman und Wilhelm Köppen. Der Firmensitz in der Mönckebergstraße 13 (Rappolt-Haus 2) wurde im Mai 1937 an die US-amerikanische Swift & Company

Franz Rappolt

GmbH veräußert. Im Februar 1939 wurde das Rappolt-Haus I an eine Investorengruppe Hamburger Bankiers und Grundstücksmakler (Joachim von Schinckel, Freiherr Johann Rudolph von Schröder, Edmund von Oesterreich, Alwin Münchmeyer und Oskar Hertz) zu 60 % des Marktwertes verkauft. Am 15. Juli 1942 wurde Franz Rappolt zusammen mit seiner Schwägerin Johanna Rappolt nach Theresienstadt deportiert, wo er am 25. November 1943 verstarb. Seine Ehefrau Charlotte Rappolt sowie seine Brüder Otto und Ernst Rappolt hatten bereits 1941 bzw. 1942 den Freitod als letzten Ausweg gewählt. Sein ältester Sohn Fritz wurde 1942 im Ghetto Minsk erschossen. Seit 1965 ist der Rappoltweg in Lohbrügge nach Franz Rappolt benannt.

Grolle, Joist; Lorenz, Ina: Der Ausschluss der jüdischen Mitglieder aus dem Verein für Hamburgische Geschichte. Ein lange beschwiegenes Kapitel der NS-Zeit (Mit biographischem Anhang), in: Zeitschrift des Vereins für Hamburgische Geschichte 93 (2007), S. 1–145, vor allem S. 129 f. – Handelskammer Hamburg (Hg.): Gegen das Vergessen, Hamburg 2018, S. 64–75 – Sparr, Ulrike: Stolpersteine in Hamburg-Winterhude. Biographische Spurensuche, Hamburg 2008, S. 203–210, 273–284 – Thomsen, Helmuth: Eres Kommanditgesellschaft Hanssen, Köppen & Mattick Hamburg 1862–1962. Eine Hamburgische Firmengeschichte, Hamburg 1962

Max James Emden

* 28. Oktober 1874, Hamburg · † 26. Juni 1940, Muralto (Schweiz)

Als zweites Kind des Textilfabrikanten Jacob Emden und dessen Ehefrau Mathilde wurde Max Emden in eine wohlhabende jüdische Hamburger Kaufmannsfamilie hineingeboren. 1893 ließ er sich protestantisch taufen. Emden studierte Chemie und wurde 1898 in Leipzig promoviert. 1904 trat er als Teilhaber neben seinem Vater Jacob und seinem Onkel Hermann in die Firma M. J. Emden & Söhne ein, ein „Engroshaus in sämtlichen Waren der Textilindustrie und Kurzwaren". Die Geschichte des Unternehmens reicht bis ins Jahr 1823 zurück. Die Familie Emden darf für sich in Anspruch nehmen, das System des Franchisings erfunden zu haben. Über 200 Geschäfte boten in ganz Deutschland ausschließlich Waren des Unternehmens M. J. Emden & Söhne an. Emden baute das Unternehmen aus, indem er in geeigneten Lagen deutscher und europäischer Großstädte Grundstücke erwarb und darauf Kaufhäuser errichtete. So war er erster Besitzer der berühmten Häuser KaDeWe in Berlin, Oberpollinger in München, Poetsch in Hamburg und zahlreicher anderer. 1910 heiratete er die aus Chile stammende Concordia Sternberg. Die Ehe hielt bis 1926 – dem Jahr, in dem Emden den Großteil seiner Kaufhäuser an die Karstadt AG verkaufte und Hamburg verließ, um sich in der Schweiz niederzulassen. Auf einer Insel im Lago Maggiore baute er einen Palast im neoklassizistischen Stil, war von dort aber weiterhin wohltäterisch für Hamburg tätig. 1934 wurde er Schweizer Bürger. Seinen Besitz wurde in der Folgezeit „arisiert". Er musste ihn ab 1935 aufgeben und zum Teil weit unter Wert verkaufen.

Max Emden

Ball, Hermann; Graupe, Paul (Hg.): Die Sammlung Dr. Max Emden Hamburg. Gemälde deutscher und französischer Meister des 19. Jahrhunderts, Möbel, Teppiche, Bronzen, Deutsches Silber, Fayencen. Katalog Nr. XIII, Berlin 1931 – Braun, Bernd: Art. Emden, Max James, in: Hamburgische Biografie 6, Göttingen 2012, S. 85–86 – Welti, Franceso: Der Kaufhaus-König und die Schöne im Tessin. Max Emden und die Brissago-Inseln, Frauenfeld, Stuttgart, Wien 2010 – Winkelmann, Joachim: Max-Emden-Weg, in: Der Heimatbote. Zeitschrift des Bürger- und Heimatvereins Nienstedten e. V. für Nienstedten, Klein Flottbek und Hochkamp (November 2014), S. 2–4.

Leo Liebman Stern

* 14. Februar 1858 in Breidenbach (Biedenkopf) · † April 1943 in New York

Isaak Jacques Sonneborn

* 21. August 1863 in Breidenbach (Biedenkopf) · † 29. August 1936, Baden-Baden

1880 eröffnete Leo Stern mit seinem Bruder Joseph Stern in Köln die Firma Gebrüder Stern, die mit Ölen und Fetten handelte. Drei Jahre später gründeten beide die Rheinische Vaseline-, Öl- und Fettfabrik in Köln-Sülz, für die seit 1886 ihr Cousin Jacques Sonneborn als Angestellter tätig war. Im Zuge der Ausdehnung des Geschäfts errichtete das Unternehmen 1889 eine Filialfabrik im Hamburger Freihafengebiet und nahm Sonneborn als Teilhaber auf. Joseph Stern blieb in Köln und kümmerte sich dort weiterhin um die Geschäfte, während Leo Stern und Jacques Sonneborn nach Hamburg zogen. In den folgenden Jahren expandierte das Exportgeschäft, so dass die Hamburger Fabrik 1892 erweitert wurde, außerdem wurden weitere Fabriken und Niederlassungen in Italien, Frankreich und Großbritannien eröffnet. An der Spitze dieser Unternehmungen stand Sonneborn, der bis 1924 Generaldirektor und Großaktionär der Oelwerke Stern-Sonneborn A.-G. (Ossag) war. Diese war 1903 gegründet worden und aus

Leo Stern

Jacques Sonneborn

der Fabrik in Köln-Sülz hervorgegangen. Während des Ersten Weltkriegs besaß die Ossag ein wichtiges Patent zur Veredelung von Fetten und Ölen zu hochwertigen Schmierstoffen und stieg zu einem bedeutenden Lieferanten des deutschen Militärs auf. Nachdem sie sich während der Inflationszeit finanziell übernommen hatte, nutzte die Royal Dutch Shell die Gelegenheit und übernahm die Ossag im Juni 1925 für 8,8 Millionen Reichsmark. Jacques Sonneborn und Leo Stern erhielten Aufsichtsratsmandate, die sie 1933 wegen ihres jüdischen Glaubens niederlegen mussten. Leo Stern wanderte nach 1935 mit seiner Familie in die USA aus und ließ sich in New York City nieder.

Art. Sonneborn, Isaak Jacques, in: Reichshandbuch der deutschen Gesellschaft, zweiter Band, Berlin 1931, S. 1803 – Karlsch, Rainer; Stokes, Raymond G.: Faktor Öl: Die Mineralölwirtschaft in Deutschland 1859–1974, S. 85, 128–129, 160-161 – Piorkowski, Curt: Die Benzin- und Ölversorgung durch die Rhenania-Ossag Mineralölwerke A.-G. Düsseldorf, Leipzig 1928, S. 8 ff.

Otto Karl Blohm

* 23. Dezember 1870, Hamburg · † 2. November 1944, Hamburg

Otto Blohm, Neffe des Werftgründers Hermann Blohm, war Teilhaber der Firmen G. H. und L. F. Blohm, Hamburg und Blohm & Co. in Venezuela. Beide hatte sein Vater Georg Heinrich mitbegründet. Otto Blohm und seine Frau Magdalena, geborene Matthes, waren in Künstlerkreisen sehr beliebte Sammer, die neben moderner Kunst (u. a. Marc Chagall und Karl Schmidt-Rottluff) auch in großem Stil Porzellan und Fayencen erwarben. Hierbei wurden sie seit 1900 von den Direktoren des Museums für Kunst und Gewerbe Justus Brinckmann und Max Sauerlandt beraten. Die Sammlung war so exquisit, dass sie in den 1920er Jahren für weltweite Aufmerksamkeit sorgte. Blohms Villa am Harvestehuder Weg 36, errichtet vom Architekten Paul Schöss, rief laut Gustav Schiefler „durch die äußerst vornehme Einfachheit den Eindruck eines im besten Sinne bürgerlich soliden Behagens" hervor.

Otto Blohm

Art. Blohm, in: Deutsches Geschlechterbuch 205, Limburg 1997, S. 67–136 – Luckhardt, Ulrich: Kleines Lexikon der Hamburger Kunstsammler, in: ders. (Hg.): Private Schätze. Über das Sammeln von Kunst in Hamburg bis 1933, Hamburg 2001, S. 217 – Schiefler, Gustav: Eine hamburgische Kulturgeschichte: 1890–1920. Beobachtungen eines Zeitgenossen, Hamburg 1985, S. 483 – Werner, Michael: Stiftungsstadt und Bürgertum. Hamburgs Stiftungskultur vom Kaiserreich bis in den Nationalsozialismus, München 2011, S. 252

Christian Lampert
* 9. Juni 1865, Hamburg · † 1. September 1935, Hamburg

Carl Lampert
* 1868 · † 12. April 1944, Hamburg

Der Apotheker Heinrich Rost gründete 1848 in Hammerbrook die Firma H. Rost & Co. Er arbeitete als einer der ersten mit Kautschuk und Guttapercha, dem eingetrockneten Milchsaft aus der geschlagenen Rinde des tropischen Baumes bully tree. 1865 zog die Firma nach Harburg und Friedrich Lampert übernahm deren Leitung. Ab 1883 baute das Unternehmen an der Buxtehuder Straße eine neue Fabrik. 1898 übertrug Friedrich Lampert seinen Söhnen Christian, Carl und Fritz Lampert, die schon länger eine führende Stellung in der Firma innehatten, deren Leitung. Der älteste Bruder Fritz zog sich bereits 1909 aus dem Geschäftsleben zurück. Christian kümmerte sich vor allem um die innere Verwaltung und die Kundenakquise, Carl hatte die Leitung des Harburger Werkes inne. Unter der Ägide der beiden steigerte sich die Produktion deutlich, in den Inflationsjahren verlor die Firma allerdings beinahe ihr gesamtes Betriebskapital und es kam zu einem Neubeginn. Das Unternehmen stellte Antriebsriemen, Förderbänder, Kabelummantelungen und andere Gummiprodukte wie z. B. säu-

Christian Lampert

Carl Lampert

refeste Schürzen her. In der NS-Zeit entwickelte es einen Kunststoff namens Guttasyn, um sich von überseeischen Naturstoffen unabhängig zu machen. Während des Zweiten Weltkrieges wurden Zwangsarbeiter in der Fabrik eingesetzt, deren Gelände 1944 durch Bombenangriffe zu 80 Prozent zerstört wurde.

Harburger Anzeigen und Nachrichten Nr. 75 (30. März 1999): Balata + Rost = Balatros: Die Geschichte eines Harburger Traditionsbetriebes – Hamburger Abendblatt Nr. 99 (28/29. April 1973): Balata-Riemen – H. Rost & Co gegr. 1848: 100 Jahre in Hamburg-Harburg, Hamburg 1965, S. 20, 26, 32–35 – Wettstein, Herbert von: 125 Jahre Balatroswerke H. Rost & Co., Hamburg 1973

Hugo Hermann Stinnes

* 12. Februar 1897, Mühlheim an der Ruhr · † 10. März 1982, Berlin

Karl Emil Friedrich Deters

* 15. Januar 1876, Bremerhaven · † 5. November 1945, Hamburg

Hugo Stinnes wurde 1870 in Mühlheim an der Ruhr in eine erfolgreiche Unternehmerfamilie hineingeboren. Bereits im Alter von 23 Jahren machte er sich im Kohlenhandel selbstständig und gründete die Hugo Stinnes GmbH. Er baute ein internationales Firmennetzwerk auf und verstand es dabei, die Bereiche Handel und Produktion bzw. Förderung sehr erfolgreich miteinander zu verbinden. Als er 1924 plötzlich verstarb, hinterließ er ein kompliziertes Konzerngebilde von über 1.500 Unternehmen – das weltgrößte Firmen-Konglomerat. Seine Söhne waren nicht in der Lage, dieses zusammenzuhalten. Insbesondere sein zweiter Sohn Hugo jr., der von 1924 bis 1930 dem Kuratorium der Hamburgischen Wissenschaftlichen Stiftung angehörte, spielte in den folgenden Jahrzehnten eine unglückliche Rolle, geriet mit seinen Firmen immer wieder in Liquiditätsschwierigkeiten und lebte zuletzt zurückgezogen von dem Vermögen, das seine Frau Birte, geborene Jansen, mit in die Ehe gebracht hatte. 1907 hatte die Hugo

Hugo Stinnes jr.

Karl Deters

Stinnes GmbH in Hamburg eine Niederlassung gegründet, die sich dem Kohlenhandel, dem schifffahrtsbezogenen Umschlag und der Reederei widmete. Die Firmenzentrale befand sich im Jungfernstieg 26–33. Das operative Geschäft der Stinnes-Reedereien übernahm neben Hugo Stinnes jr. 1910 Karl Deters. Mit dem Erwerb des gesamten Aktienkapitals der Hugo Stinnes-Linien durch die Hapag 1926 trat er in deren Vorstand ein. Daneben gehörte er den Aufsichtsräten verschiedener Schifffahrts- und Versicherungsgesellschaften an, war Mitglied des Hamburger Nationalklubs von 1919 und von 1927 bis 1932 für die DNVP Abgeordneter der Hamburgischen Bürgerschaft.

Art. Deters, Emil Friedrich Karl, in: Wenzel, Georg (Hg.): Deutscher Wirtschaftsführer. Lebensgänge deutscher Wirtschaftspersönlichkeiten. Ein Nachschlagebuch über 13000 Wirtschaftspersönlichkeiten unserer Zeit, Hamburg, Berlin, Leipzig 1929, Sp. 441 – Art. Deters, Karl, in: Reichshandbuch der deutschen Gesellschaft, erster Band, Berlin 1930, S. 313–314 – Art. Stinnes, Hugo jr., in: Reichshandbuch der deutschen Gesellschaft, zweiter Band, Berlin 1931, S. 1853–1854 – Detlefsen, Gert U.: Die Stinnes-Reedereien. Eine Darstellung der Schiffahrtsinteressen des Großindustriellen Hugo Stinnes, seiner Nachfahren Hugo jr., Otto und Matthias Stinnes sowie ihrer Reedereien, Bad Segeberg 1998 – Wulf, Peter: Schwerindustrie und Seeschiffahrt nach dem 1. Weltkrieg: Hugo Stinnes und die Hapag, in: Vierteljahrschrift für Sozial- und Wirtschaftsgeschichte 67 (1980), S. 1–21

Ernst Joachim Ascher

* 21. Juli 1853, Berlin · † 6. Juni 1926, Hamburg

Der jüdische Kaufmann Ernst Ascher war Inhaber der von ihm und Franz Ascher 1881 gegründeten Ernst Ascher & Co. Diese gehörte zu den ersten Geschäften, die amerikanische Schlachthausprodukte importierte und vertrieb. Weitere Handelsartikel waren Dosenmilch sowie tierische und pflanzliche Fette. Das Unternehmen erlebte einen Aufschwung als die Herstellung von Margarine an Bedeutung gewann. Der Firmensitz befand sich seit 1913 in der Mönckebergstraße 9 (Geschäftshaus „Roland"), es gab zudem Zweigniederlassungen in Berlin und Rotterdam. Ascher, seit 1918 alleiniger Inhaber, zog sich 1924 aus dem operativen Bereich zurück als die Firma in eine Aktiengesellschaft umgewandelt wurde.

Art. Ernst Ascher & Co., in: Industrielle: Vertreter deutscher Arbeit in Wort und Bild. Biographische Sammlung, Berlin 1915 – Hamburger Adressbuch, verschiedene Jahrgänge

Bruno Heinrich Carl Luis Lindemann

* 3. Januar 1879, Hannover · † nach 1929

Erich Hans Bernhard Bruno Schwartz

* 22. April 1883, Hamburg

Bruno Lindemann eröffnete 1915 die Firma Lindemann & Co. Tabakfabrikate am Dovenfleet 19/21. 1920 wurde Erich Schwartz Mitinhaber und das Unternehmen wurde um eine Tabakfabrik erweitert. Im selben Jahr gründeten beide das Im- und Exportgeschäft Lindemann & Schwartz. Zusammen mit Herbert Lindemann und Albert Lohmeyer bauten sie ab 1922 den Lindemann-Konzern auf, ein Import-, Export-, Speditions- und Versicherungsunternehmen, dessen Zentrale sich ebenfalls am Dovenfleet 19/21 befand. 1922 eröffnete Bruno Lindemann zudem die Bruno Lindemann & Co. Spielwarenfabrik. Ende 1924 beendeten Lindemann und Schwartz ihre Geschäftsbeziehung. Letzterer gründete seine eigene Firma Erich Schwartz & Co. Ewerführerei, Spedition, Lagerung mit Sitz im Brooktorkai 13, die er 1929 verkaufte. Bruno Lindemann war unverheiratet und lebte von 1919 bis 1924 im Rondeel 31. Nach einem kurzen Aufenthalt in den Vereinigten Staaten 1925 ließ er sich in Berlin nieder, wo er zunächst als Prokurist und später als Generaldirektor einer Firma tätig war.

Hamburger Adressbuch, verschiedene Jahrgänge

Louis Prenzlau

† 1933 oder später

Der jüdische Kaufmann Louis Prenzlau war Inhaber von L. Prenzlau's Fabrikwerken. Diese produzierten in verschiedenen Abteilungen u. a. Eiprodukte, Artikel zur Lederfabrikation und chemische Produkte. 1910 ließ sich Prenzlau ein Verfahren wegen der Konservierung von Eiern patentieren. Die Werke befanden sich im Heidenkampsweg 86/92 und 93/95 sowie in der Wendenstraße 49/51. Prenzlau wohnte mit seiner Frau Grete, geborene Leyser, und seinen beiden Töchtern Hertha Eva und Charlotte Eugenie bis 1933 in der Heimhuder Straße 9. Seit 1934 ist er nicht mehr als Inhaber der Fabrikwerke im Hamburger Adressbuch verzeichnet. Hertha Eva Prenzlau wurde 1942 in Auschwitz ermordet, ihr Mann Curt Hirschfeldt 1945 in Bergen-Belsen.

Hamburger Adressbuch, verschiedene Jahrgänge

Ahron Louis Calmann

* 2. Juli 1862, Hamburg · † 24. August 1936, Hamburg

Gustav Joseph Rosenmeyer

* 9. Mai 1858, Elberfeld · † um 1916

Das Bankhaus E. Calmann wurde 1853 in Hamburg von Ernst Calmann gegründet. Die Privatbank mit Hauptsitz am Neuen Wall 101 hatte eine Reihe von Filialen, u. a. in Altona, Cuxhaven, Hannover, Itzehoe, Lüneburg, Magdeburg, Prenzlau und Stade sowie an wichtigen Börsenplätzen im Ausland. Die Bank finanzierte vor allem wirtschaftliche Projekte in den deutschen Kolonien. Seit 1911 waren der Schwiegersohn von Ernst Calmann, Gustav Joseph Rosemeyer, sowie Sohn Ahron Louis Calmann alleinige Inhaber der Bank. Nach dem Tod von Rosemeyer fungierte dessen Witwe als Inhaberin. Im Jahr 1938 musste E. Calmann wegen der „Arisierung" der jüdischen Banken schließen.

Hamburger Adressbuch, verschiedene Jahrgänge – Köhler, Ingo: Die „Arisierung" der Privatbanken im Dritten Reich. Verdrängung, Ausschaltung und die Frage der Wiedergutmachung, München ²2008, S. 186

Max Rudolf Räuper
* 12. November 1860, Hamburg · † 19. Oktober 1934, Hamburg

Heinrich Wilhelm Adolf Sohst
* 10. August 1875, Hamburg · † 10. August 1958

Walter Carl Emil Sohst
* 3. August 1891, Hamburg

Erich Wolff
† 1939

Die Holzhandelsfirma F. A. Sohst wurde 1831 von Friedrich Adolf Sohst gegründet. Sie importierte ab den 1890er Jahren Hart- und Weichhölzer aus Amerika für Industrie-zwe-cke, insbesondere für den Schiffs- und Waggonbau, sowie Furniere für Inneneinrichtungen und die Möbelfabrikation. Das Unternehmen mit Sitz am Grünen Deich 32

Max Räuper

Heinrich Sohst

belieferte Baukunden in ganz Deutschland und in anderen europäischen Staaten. Viele Tropenhölzer wurden von F. A. Sohst zum ersten Mal überhaupt nach Deutschland eingeführt. Die Firma expandierte so stark, dass sie 1897 einen weiteren Lagerplatz in Billbrook erwarb. 1906 pachtete sie im Freihafen einen großen Platz mit Wasser- und Bahnanschluss. Bereits am 1. Januar 1893 war Max Räuper Mitgesellschafter geworden, der seit 1879 in der Firma als Prokurist wirkte. Heinrich und Walter Sohst folgten 1911. Die beiden Cousins knüpften von Beginn an enge Geschäftsverbindungen mit Zulieferern aus Nordamerika, Australien, Russland und Südostasien. Am 1. Januar 1920 trat der seit 1904 in der Firma tätige Prokurist Erich Wolff als weiterer Gesellschafter ein.

Walter Sohst

Erich Wolff

125 Jahre F. A. Sohst, Hamburg 1956 – Hamburger Fremdenblatt Nr. 219 (9. August 1935): Herr Heinrich W. A. Sohst

Alexander Carlebach

* 30. Dezember 1872, Lübeck · † 5. Oktober 1925, Lübeck

Alexander Carlebach, ältester Sohn des berühmten Lübecker Rabbiners Salomon Carlebach, begann im Alter von 14 Jahren eine Banklehre bei Samuel Straus in Karlsruhe. Sein Berufsweg führte ihn über Stade und Hamburg, wo er im Bankhaus E. Calmann tätig war, zurück nach Lübeck. Hier trat er 1892 in die örtliche Filiale der Hamburger Bank Louis Wolff & Co. ein, deren alleiniger Chef er 1900 nach dessen Tod wurde, später unterstützt von seinem Schwager und Prokuristen Wilhelm Cohn. An dem Bankhaus Louis Wolff waren die Commerzbank und Carlebachs russischer Schwiegervater, Selig Modechowitz Persitz, mit namhaften Einlagen als Kommanditisten beteiligt. Nachdem letzterer 1915 und die Commerzbank Anfang der 1920er Jahre ausschieden, wurde Carlebach Alleininhaber. Die Bank arbeitete hauptsächlich in Grundstücksgeschäften, seit 1912 kaufte sie Aktien der Ostseeband Heiligendamm GmbH und wurde 1920 deren Hauptaktionär. Im Inflationsjahr 1923 musste das Bankhaus erhebliche Verluste hinnehmen und wurde nach Carlebachs Tod 1925 geschlossen. Carlebach engagierte sich für zahlreiche Sozialeinrichtungen und war von 1907 bis 1912 und wieder ab 1914 Vorsteher der jüdischen Gemeinde in Lübeck. Außerdem unterstützte er die Studien seiner jüngeren Brüder, von denen fünf Rabbiner wurden, darunter Joseph Carlebach, der seit 1921 Rektor der Talmud-Tora-Schule und seit 1936 Oberrrabbiner des Deutsch-Israelitischen Synagogenverbandes Hamburg war.

Alexander Carlebach

Carlebach, Esther: Meinem lieben Manne zum 70. Geburtstag. Daten von Amts- und Familien-Erlebnissen, Lübeck [ca. 1915], S. 5 – Ephraim Carlebach Stiftung (Hg.): Die Carlebachs. Eine Rabbinerfamilie aus Deutschland, Hamburg 1995, S. 20 – Hornbogen, Hermann: Die Lübecker Banken. Ihre Entwicklung und Bedeutung für das Wirtschaftsleben in Lübeck, Freiburg 1914, S. 143 – Schreiber, Albrecht: Zwischen Davidstern und Doppeladler. Illustrierte Chronik der Juden in Moisling und Lübeck, Lübeck 1992, S. 55 – Ders.: Hirschfeld, Asch und Blumentahl … Jüdische Firmen und jüdisches Wirtschaftsleben in Lübeck 1920–1938. Blüte, Enteignung, „Wiedergutmachung", Lübeck 2015, S. 242 ff.

Alfred Lisser
* 8. Juli 1873, Hamburg · † 16. Juli 1938, Amsterdam

Siegmund Rosenkranz
* 8. Juli 1871, Goslar · † 16. August 1930, Frankfurt

Alfred Lisser führte seit 1899 ein Bankgeschäft am Neuen Wall 10. Er war mit Elsa, geborene Philip, verheiratet. Der langjährige Vorsitzende des Repräsentanten-Kollegiums der Deutsch-Israelitischen Gemeinde Hamburg war ein Vertreter der liberalen Richtung und galt als „Mann des Ausgleichs". Er beteiligte sich an zahlreichen jüdischen sozialen Organisationen und war Mitglied des Pro-Palästina-Komitees und später des Hamburger Ortskomitees der Jewish Agency. 1931 wanderte er aus geschäftlichen Gründen nach Amsterdam aus. Das Ehepaar hatte einen Sohn Kurt Isaac. Der Jurist wurde am 18. Februar 1944 zusammen mit seiner Frau Lieselotte, geborene Posner, und seiner Tochter Ruth in Auschwitz ermordet.

Siegmund Rosenkranz war der erste Sohn des aus Goslar stammenden jüdischen Tuch- und Manufakturwarenhändlers Nathan Rosenkranz und von dessen Frau Bertha, geborene Frank. Er war mit Nelly Angelina Isaacs, der Tochter eines britischen Konsuls, verheiratet. Mit ihr hatte er zwei Kinder: Walter, der später Jurist wurde, und Katie. Nach dem Tod des Vaters 1908 kümmerte sich Siegmunds jüngerer Bruder Oskar um die Geschäfte in Goslar, während jener bereits seit 1899 in Hamburg wohnte. Seit 1909 war Siegmund Inhaber des Bankgeschäfts S. Rosenkranz & Co. in der Kaiser-Wilhelm-Straße 34. Von 1919 bis 1930 führte er zusammen mit Alfred Lisser das Bankgeschäft Lisser & Rosenkranz am Neuen Wall 10. 1933 emigrierten Nelly, Walter und Käthe Rosenkranz nach England, wo Walter seinen Beruf wechseln musste und nun als Kaufmann sein Geld verdiente. Oskar Rosenkranz wurde am 25. Oktober 1941 nach Lodz deportiert und am 12. Mai 1942 in Chelmno ermordet.

Fladhammer, Christa; Grünwaldt, Maike: Stolpersteine in der Hamburger Isestraße. Biographische Spurensuche, Hamburg 2010, S. 49–52 – Lorenz, Ina: Die Juden in Hamburg zur Zeit der Weimarer Republik. Eine Dokumentation, 2 Bände, Hamburg 1987, S. 1405 – Morisse, Heiko: Jüdische Rechtsanwälte in Hamburg. Ausgrenzung und Verfolgung im NS-Staat, Hamburg 2003, S. 154

Ludwig Tillmann

* 21. März 1851, Bad Dürkheim · † 1. Dezember 1924, Hamburg

Der aus einer jüdischen Familie stammende Ludwig Tillmann wurde 1881 Direktor der Anglo-Deutschen Bank und 1892 Filialdirektor bei der Dresdner Bank. 1894 machte er sich als Fondsmakler selbstständig und gründete das Bankhaus Ludwig Tillmann. Dieses pflegte hauptsächlich Auslandsbeziehungen zu kaufmännischen Kreditgebern, besonders zum Londoner Bankhaus William Brand's Sons & Co. Zusammen mit seiner Gattin Rosalie, geborene Baer, und seinen drei Kindern wohnte Tillmann seit 1891 in der Hochallee 70. Er besaß eine der großen Porzellansammlungen in Hamburg und war seit 1917 Mitglied im Kunstverein. Außerdem engagierte er sich in der Patriotischen Gesellschaft. Sein Sohn Georg, seit 1910 Mitinhaber des väterlichen Bankhauses, wanderte 1941 in die USA aus und verstarb im selben Jahr in New York.

Art. Tillmann, Georg, in: Reichshandbuch der deutschen Gesellschaft, zweiter Band, Berlin 1931, S. 1912 – Hamburger Adressbuch, verschiedene Jahrgänge – Hamburger Nachrichten Nr. 563 (2. Dezember 1924): Herr Ludwig Tillmann – Hamburger Nachrichten Nr. 568 (4. Dezember 1924): Trauerfeier für Ludwig Tillmann – Werner, Michael: Stiftungsstadt und Bürgertum. Hamburgs Stiftungskultur vom Kaiserreich bis in den Nationalsozialismus, München 2011, S. 252

Johann Friedrich Wilhelm Walsleben

* 15. Oktober 1888, Rathenow (Potsdam)

Im Alter von 28 Jahren gründete August Thyssen 1871 zusammen mit seinem Vater Friedrich als Kommanditisten in Styrum bei Mühlheim an der Ruhr sein erstes eigenes Unternehmen, das Puddel- und Bandeisenwalzwerk Thyssen & Co. Bei August Thyssens Tod 1926 wurde der Wert des von ihm aufgebauten Konzerns auf über 400 Millionen Reichsmark geschätzt, seinen Anteil daran hatte er bereits 1919 und 1921 auf seine Söhne Fritz und Heinrich übertragen. Seit 1905 baute die Thyssen-Gruppe ein eigenes Handels- und Schifffahrtsnetz mit Niederlassungen in der gesamten Welt auf, um Kostenvorteile beim Rohstoffbezug sowie beim Handel mit eigenen Halb- und Fertigprodukten zu erzielen. Außerdem wollte sich August Thyssen dadurch – wie zeitgleich Hugo Stinnes – sowohl von den Erzhändlern als auch den Transporteuren unabhängig machen. Über die Häfen Mannheim-Rheingau und Straßburg sollte die am 12. März 1910 gegründete Thyssen'sche Kohlenhandelsgesellschaft mbH, 1912 in Thyssen'sche Handelsgesellschaft umbenannt, die Kohlen der Zechen Rhein I und Lohberg absetzen. Sie errichtete Zweigstellen in Hamborn, Köln, Essen, Mannheim, Halle, Erfurt, Hamburg, Hannover, Leipzig und Düsseldorf. Während der letzten Kriegswochen 1918 wurden die verschiedenen Handelsgesellschaften von Thyssen & Co. auf die Thyssen'sche Handelsgesellschaft GmbH mit Sitz in Duisburg übertragen. In Hamburg war seit 1917 Johann Walsleben Geschäftsführer der dortigen Thyssen-Handel G.m.b.H.

Hatzfeld, Lutz: Thyssen & Co., Mühlheim an der Ruhr. Werks- und Familiengeschichte einer Familienunternehmung, in: Wessel, Horst A. (Hg.): Thyssen & Co. Mühlheim an der Ruhr. Die Geschichte einer Familie und ihrer Unternehmung, Stuttgart 1991, S. 54–178, vor allem S. 162 – Lesczenski, Jörg: August Thyssen 1842–1926. Lebenswelt eines Wirtschaftsbürgers, Essen 2008, S. 116 – Rasch, Manfred; Feldman, Gerald D. (Hg.): August Thyssen und Hugo Stinnes. Ein Briefwechsel 1898–1922, München 2003, S. 62 f., 726 – Rasch, Manfred: Was wurde aus August Thyssens Firma nach seinem Tod 1926? Genealogie seiner größeren Konzernunernehmen, in: Wegener, Stephan (Hg.): August und Joseph Tyssen. Die Familie und ihre Unternehmen, Essen ²2008, S. 213–332

Alphons Bernhard Hanssen

* 30. März 1872, Hamburg · † 30. September 1944, Basbeck-Osten (Cuxhaven)

Max Emil Hanssen

* 9. Juni 1873, Hamburg · † 10. Mai 1951, Hamburg

Bruno Georg Ludwig Schröder

* 17. Februar 1862, Neidenburg · † 24. Dezember 1937, Hamburg

Hanssen & Studt war eine 1836 gegründete Firma, die auf den Import von Kolonialwaren spezialisiert war. Unter der Führung von Adolph Hanssen legte das Unternehmen seit den 1880er Jahren seinen Schwerpunkt auf das Produkt Kaffee und führte die Herstellung von Röstkaffe nach amerikanischem Vorbild ein. Dies war damals ein Novum und ebnete den Weg für den modernen Kaffeehandel. Adolph Hanssens Söhne Alphons und Max sowie sein Schwiegersohn Bruno Schröder – verheiratet mit Marsha Maria, geborene Hanssen, – traten 1899 als Teilhaber ein. Die beiden

Alphons Hanssen

Bruno Schröder

Brüder hatten zuvor sämtliche Kaffee produzierende Länder der Erde bereist und dehnten in den Folgejahren das Unternehmen erfolgreich aus, so dass Hanssen & Studt zu einer riesigen Handelsorganisation mit zwei großen Kaffeeröstereien wurde. Um 1920 war Alphons Hanssen zudem Inhaber der Kaffeefirma Otto Embden & Co. sowie im Aufsichtsrat der Bill-Brauerei und der Textilfirma Wilhelm Klöpper. Max Hanssen und Bruno Schröder waren Teilhaber der Firmen A. Schmidt's Kaffeerösterei und der Kaffeefirma Johann Borrs & Co. Der Zweite Weltkrieg führte zum wirtschaftlichen Ruin der einstigen „Kaffee-Könige".

Art. Hanssen, Alphons Bernhard, in: Wenzel, Georg (Hg.): Deutscher Wirtschaftsführer. Lebensgänge deutscher Wirtschaftspersönlichkeiten. Ein Nachschlagebuch über 13000 Wirtschaftspersönlichkeiten unserer Zeit, Hamburg, Berlin, Leipzig 1929, Sp. 855 – Art. Schröder, Bruno Georg Ludwig, in: Wenzel, Georg (Hg.): Deutscher Wirtschaftsführer. Lebensgänge deutscher Wirtschaftspersönlichkeiten. Ein Nachschlagebuch über 13000 Wirtschaftspersönlichkeiten unserer Zeit, Hamburg, Berlin, Leipzig 1929, Sp. 2047–2048 – Batz, Michael: Speicherstadt Story. Geschichten von Menschen und Handel, Hamburg 2017, S. 69 ff., 73 ff., 135 ff. – Eckstein, Julius (Hg.): Hanssen & Studt, Hamburg, in: Historisch-biographische Blätter. Der Staat Hamburg. 2. Lieferung, Berlin, Hamburg, Wien 1905/06 – Hanssen, Alphons B.: Wanderungen durch die Kaffee-Länder der Erde. Eine Weltreise in den Jahren 1897–98, Hamburg 1902

Max Lappöhn

† nach 1925

Maximilian Friedrich Carl Loewig

* 10. März 1864, Breslau · † 30. Oktober 1924, Hamburg

Die Firma Cohrs & Ammé wurde 1874 von Johann Gottfried Ammé und Heinrich Cohrs gegründet. Sie konzentrierte sich vor allem auf Zuckertransporte und Massentransporte für die Schwerindustrie. Ein weiteres Betätigungsfeld war das Versicherungsgeschäft. Die Spedition hatte mehrere Zweigniederlassungen, und zwar in Berlin, Danzig, Leipzig, Lübeck, Amsterdam und Rotterdam, der Hamburger Hauptsitz lag seit 1919 in der Mönckebergstraße 8. Nach dem Ableben der Firmengründer war seit 1895 zunächst Maximilian Loewig alleiniger Inhaber. 1900 wurde Willy Ehrhardt Mitinhaber und blieb dies bis zu seinem Tod 1914. Unter der Führung von Loewig und Erhardt stieg die Spedition zu einem Großunternehmen im internationalen Verkehr auf. Maßgeblich trug hierzu auch der seit 1908 für Cohrs & Ammé tätige Max Lappöhn bei, der 1915 Mitinhaber wurde. 1921 wurde die Firma in eine Aktiengesellschaft umgewandelt, deren Vorsitz Lappöhn übernahm. Seit 1924 unterhielt sie eine Reihe von Beteiligungen bei Unternehmen aus der Transportbranche, musste allerdings im März 1930 ihre Zahlungen einstellen. Wesentlicher Grund hierfür war der Zusammenbruch der Zuckerfirmen Julius Stiefel, Paul Krause und Lipp.

Hamburger Fremdenblatt Nr. 1 (1. Januar 1924): 50 Jahre Cohrs & Ammé – Hamburgischer Correspondent Nr. 607 (31. Dezember 1923): 50jähriges Geschäftsjubiläum – Schmelzkopf, Reinhardt: Reederei Cohrs & Ammé, Hamburg, in: Strandgut: Materialien zur Schiffahrtsgeschichte 61 (2006), S. 49–56, S. 50

Nathan Otto Jonas

* 22. April 1857, Hamburg · † 9. April 1926, Locarno (Schweiz)

Otto Jonas entstammte einer wohlhabenden jüdischen Familie, die seit dem 18. Jahrhundert eine Gold-und Silberscheideanstalt in der Hamburger Neustadt besaß. Nach der Lehre ging er nach England und kehrte Ende der 1870er Jahre in die Hansestadt zurück, um im großväterlichen Geschäft, der 1826 gegründeten Privatbank Jonas & Co., zu arbeiten. Bereits 1882, im Alter von nur 24 Jahren, machte ihn sein schwer erkrankter Vater zum Teilhaber des Bankhauses, welches überwiegend im Bereich Wertpapiergeschäfte und der Verwaltung von Wertpapierdepots tätig war. Otto Jonas führte die Firma erfolgreich durch diverse Krisen während des Ersten Weltkrieges und der anschließenden Inflation. Er war Mitglied des Börsenvorstandes und langjähriger Handelsrichter sowie im Vorstand vieler wohltätiger Vereine und Stiftungen. 1922 trat sein Schwiegersohn Rudolf Herms als Teilhaber in das Bankhaus ein und führte es mit Partnern weiter. 1941 wurde die Bank vollständig „arisiert“ und in Herms & Co. umbenannt. Die Witwe Emmy Jonas musste ihr Kommanditkapital aus der Firma ziehen und verlor es als sie auswanderte. Herms selbst war wegen seiner Ehe mit einer Tochter von Otto Jonas in akuter Gefahr und wurde verfolgt. Er setzte sich nach 1945 für die Rückgewinnung verlorener Vermögen aus der Verwandtschaft seiner Frau ein, von der einige Mitglieder (u. a. eine Tochter von Otto Jonas) in Konzentrationslagern ermordet worden waren.

Hamburger Abendblatt Nr. 188 (14 August 1951): Im Dienst der hansischen Wirtschaft: 125 Jahre Privatbankhaus H. A. Jonas Söhne & Co. – Hamburger Freie Presse Nr. 18 (14 August 1951): 125 Jahre Herms & Co. – Hamburger Fremdenblatt Nr. 223 (14. August 1926): Hundertjähriges Jubiläum einer Hamburger Bank – Köhler, Ingo: Die „Arisierung“ der Privatbanken im Dritten Reich. Verdrängung, Ausschaltung und die Frage der Wiedergutmachung, München ²2008, S. 354 – Die Welt Nr. 189 (15 August 1951): 125 Jahre Bankhaus Herms & Co.

Ludwig Heinrich Arnold Gumprecht

* 17. Oktober 1865, Berlin · † 5. Juli 1944, Hamburg

Werner Claus Conrad Gumprecht

* 22. April 1885, Hamburg · † 10. Februar 1944, Hamburg

Edgar Gustav Gumprecht

* 26. Juni 1887, Hamburg · † 20. November 1936, Hamburg

Nach bestandener Reifeprüfung am Wilhelms-Gymnasium in Berlin absolvierte Arnold Gumprecht in Hamburg seine kaufmännische Lehre bei der Schiffsagentur Ernst Niebuhr jr., deren Inhaber Heinrich Gumprecht war. Danach war Arnold Gumprecht zunächst in Bordeaux und später drei Jahre in England tätig. Außerdem unternahm er Reisen nach Süd- und Nordamerika bevor er 1890 nach Hamburg zurückkehrte. Hier gründete er 1897 zusammen mit Heinrich Gumprecht die Firma Gumprecht & Co. Diese importierte überwiegend Salpeter, Kaffee und Tee und hatte seit 1907 ihren Sitz in der Hermannstraße 14. Neben der Tätigkeit in der eigenen Firma hatte Arnold Gumprecht Aufsichtsratsposten bei der Vereinsbank in Hamburg und bei der Hamburger Luftschiffhallen GmbH. Außerdem engagierte er sich als Handelsrichter, war er von 1919 bis 1933 Mitglied der Handelskammer Hamburg sowie großherzoglich-sächsischer Konsul für Hamburg. 1914, drei Jahre nach dem Tod von Heinrich Gumprecht, wurden dessen Söhne Edgar und Werner Teilhaber von Gumprecht & Co. Ersterer war zuvor für Ernst Niebuhr jr. tätig gewesen. Er war mit Alice Magdalene, geborene Gruner, verheiratet und lebte mit ihr seit 1920 im Nonnenstieg 20. Letzterer war mit Hilda Elisa-

Arnold Gumprecht

beth, geborene Heinsen, vermählt. Das Ehepaar wohnte seit 1918 in der Bellevue 6. 1921 verließ Werner Gumprecht die Firma und wurde vier Jahre später Mitinhaber von Gumprecht, Caesar und Co. Edgar Gumprecht blieb bis 1933 Teilhaber von Gumprecht & Co. 1949 stellte das Handelshaus seine Geschäfte ein.

Art. Gumprecht, L. H. Arnold, in: Wenzel, Georg (Hg.): Deutscher Wirtschaftsführer. Lebensgänge deutscher Wirtschaftspersönlichkeiten. Ein Nachschlagebuch über 13000 Wirtschaftspersönlichkeiten unserer Zeit, Hamburg, Berlin, Leipzig 1929, Sp. 810 – Art. Gumprecht, L. H. Arnold, in: Reichshandbuch der deutschen Gesellschaft, erster Band, Berlin 1930, S. 613 – Hamburger Adressbuch, verschiedene Jahrgänge

Eduard Röchling

* 13. April 1880, Saarbrücken · † 26. Dezember 1966, Brebach-Fechingen bei Saarbrücken

Max Röchling

* 31. März 1892, Düsseldorf · † 17. April 1972, Heidelberg

Hermann Friedrich Wilhelm Menzell

* 8. September 1869, Hamburg · † 6. August 1936, Hamburg

Die Reederei Röchling, Menzell & Co. wurde 1918 von Hermann Menzell mit der finanziellen Unterstützung des Röchling-Konzerns gegründet und mit einem Kapital von 2 Millionen Euro ausgestattet. Die Firma Gebrüder Röchling war mit 25 Prozent beteiligt, während die Röchling'schen Eisen- und Stahlwerke einen Anteil von 75 Prozent hielten. Inhaber der Reederei waren Eduard Röchling, Max Röchling und Hermann Menzell als persönlich haftender Gesellschafter ohne Kapitaleinlage. Dieser hatte bereits 1895 Menzell & Co. gegründet, eines der ersten deutschen Schiffsmakler-Unter-

Eduard Röchling

Max Röchling

nehmen, und brachte somit Sachverstand und die notwendigen Kontakte ein. Zwischen 1899 und 1936 betrieb Menzell & Co. auch eine eigene Flotte. Die Reederei Röchling, Menzell & Co. besaß 1920 sechs Schiffe, die ein Ladevolumen rund 7.500 Bruttoregistertonnen aufwiesen und mit denen Liniendienste nach Nordspanien und zum Schwarzen Meer betrieben wurden. Ab 1926 machte die Reederei zunehmend Verluste, so dass der Röchling-Konzern die Gesellschaft Ende 1927 aufkündigte.

Hermann Menzell

Art. Röchling, Eduard, in: Wenzel, Georg (Hg.): Deutscher Wirtschaftsführer. Lebensgänge deutscher Wirtschaftspersönlichkeiten. Ein Nachschlagebuch über 13000 Wirtschaftspersönlichkeiten unserer Zeit, Hamburg, Berlin, Leipzig 1929, Sp. 1840 – Art. Röchling, Eduard, in: Reichshandbuch der deutschen Gesellschaft, zweiter Band, Berlin 1931, S. 1540 – Die Welt Nr. 152 (3. Juli 1995): Menzell & Co feiert 100. Geburtstag – Meyer-Marwitz, Bernhard: Menzell & Co. Schiffsmakler GmbH, in: ders.: Hamburg 1945–1955, Hamburg [1955], S. 111–112 – Seibold, Gerhard: Röchling. Kontinuität im Wandel, Stuttgart 2001, S. 138, 195–196, 212

Johann Haltermann

* 22. November 1874, Bremen · † 19. Februar 1954, Hamburg

Johann Haltermann gründete 1898 in Hamburg-Wilhelmsburg eine Teerkocherei, die Rohteer aus den Hamburger Gaswerken veredelte. Er hatte erkannt, dass die bisher aus England bezogenen Teerprodukte rationeller an Ort und Stelle hergestellt werden konnten. Mit der Entwicklung des Automobils wurde das bei der Gasreinigung anfallende Rohbenzol zu einem weiteren bedeutsamen Rohstoff für die Firma. Ab 1912 begann Haltermann mit der Herstellung von technischen Benzolen aus Steinkohleteer und erweiterte das Produktsortiment um Benzin und andere Mineralölprodukte. 1913 gründete er die Hanseatische Teerprodukten-Fabrik Haltermann & Co. GmbH. Die Reparationen nach dem Ersten Weltkrieg und die Inflation stellten Haltermann zunächst vor große Probleme, seit 1924 expandierte sein Unternehmen jedoch wieder. Neben neuen Produktionsanlagen erwarb er eigene See- und Binnentanker. Ab 1935 kamen ausländische Tanklager und ein eigenes Vertriebsunternehmen hinzu. Während des Zweiten Weltkrieges setzte das Unternehmen Zwangsarbeiter im Werk ein, das 1944 durch einen Bombenangrifff zu zwei Dritteln zerstört wurde. Nach 1945 baute Johann Haltermann mit seinem Sohn Hermann die Firma wieder auf und übertrug deren Anteile auf seine vier Kinder. Heute ist Haltermann Carlen ein international tätiges Unternehmen für Spezialchemikalien und Lösemittel, das seinen Hauptsitz in Frankfurt am Main hat und über weitere Standorte, u. a. in Hamburg-Wilhelmsburg, verfügt.

Johann Haltermann

100 Jahre Haltermann, Hamburg [Hamburg 1908] – Detlefsen, Gert U.: Johann Haltermann, Hamburg, in: ders.: Deutsche Reedereien, Band 5, Bad Segeberg 1996, S. 26–39 – Hanseatische Teer- und Erdöl-Industrie Haltermann u. Co. m.b.H.: Johann Haltermann Bunkeröl Kommanditgesellschaft, Hamburg 1964 – Johann Haltermann: Gründungsjahr 1898. Hanseatische Teer- und Erdöl-Industrie Haltermann & Co. m.b.H., Hamburg 1952

Heinrich Momme Christian Haas

* 6. Januar 1868, Hamburg · † 3. November 1927, Hamburg

Heinrich Hass jr. war seit 1895 zusammen mit seinem Vater Heinrich Inhaber der Firma Heinhaas am Neuen Wandrahm 1. Diese handelte mit Kolonialwaren, getrockneten Früchten und Gewürzen. 1910 wurde Heinrich Haas jr. alleiniger Inhaber. Er war seit 1894 mit Anne Sofie, geborene Lorenzen, verheiratet, das Ehepaar zog 1916 an den Harvestehuder Weg 126.

Hamburger Adressbuch, verschiedene Jahrgänge

MAX EDUARD FRIEDRICH FRANDSEN

* 31. Mai 1879, Altona · † 25. Juli 1939, Hamburg

MAX Frandsen gründete war seit 1913 Inhaber einer Weinagentur, die sich auf die Großeinfuhr von Weinen und Spirituosen konzentrierte und deren Sitz sich seit 1917 in den Hohen Bleichen 28 befand. Er war seit 1908 mit Hedwig Emilie Wilhelmine, geborene Petersen, verheiratet. Das Ehepaar wohnte seit 1917 in Altona in der Parkstraße 42.

Hamburger Adressbuch, verschiedene Jahrgänge

Martha Heldern

* 6. Juni 1868, Mainz · † 5. Dezember 1921, Hamburg

Martha Heldern, geborene Nauen, war seit 1893 mit dem Kaufmann und Kommerzienrat Erwin Hirschfelder (seit 1919 umbenannt in Heldern) verheiratet. Nach der Hochzeit konvertierten die Eheleute zum Christentum. Erwin Hirschfelder war seit 1897 Besitzer der Kaffeeimport und -exportfirma Nauen & Co., 1899 kam die Kafferösterei Haubach und & Feine hinzu. 1903 wechselte er in die Tabakbranche und gründete die Zigarettenfabrik Upas Antiaris, 1916 erwarb er die Zigarettenfabrik Camilleri & Co. Seit 1918 wohnte das Ehepaar Hirschfelder in einer Villa in der Bellevue 15. Der gemeinsame Sohn Kurt Heldern, verheiratet mit Elly Maria, geborene Bödiker, führte die Fabriken nach dem Tod seines Vaters 1920 alleine weiter. Er trat 1927 in den Vorstand der Reemtsma Cigarettenfabriken ein. Aus politischen Gründen wanderte er im Mai 1938 nach Australien aus, wenige Monate später wurde das Anwesen in der Bellevue „arisiert" und von der Firma Oetker erworben. 1949 kehrte Kurt Heldern nach Deutschland zurück und wurde von Philipp Reemtsma wieder als Mitglied der Geschäftsleitung aufgenommen. 1950 wurde Kurt Heldern zum Vorsitzenden des Verbandes der Zigaretten-Industrie gewählt. Dort vertrat er die Interessen der Zigarettenindustrie bei der Neugestaltung der Tabaksteuer.

Finger, Jürgen; Keller, Sven; Wirsching, Andreas: Dr. Oetker und der Nationalsozialismus. Geschichte eines Familienunternehmens 1933–1945, München 2013, S. 224 ff., 497 – Hamburger Abendblatt Nr. 78 (2./3. April 1953): Kurt Edmund Heldern † – Hamburger Adressbuch, verschiedene Jahrgänge

Friedrich Fleck

* 15. April 1878, Tetschen (Böhmen) · † 14. November 1932, Hamburg

Friedrich Fleck wurde 1906 Generalbevollmächtigter der Reederei und Spedition Jordan & Berger. Zunächst lag deren Schwerpunkt im russisch-ostasiatischen Geschäft. Nachdem Flecks Eintritt expandierte die Firma weiter und die Betätigungsfelder weiteten sich auf Japan, China, Indien und die überseeischen Handelsgebiete des Deutschen Reichs aus. Die Landtransporte über Deutschland, Österreich-Ungarn und Frankreich wurden über das Stammhaus in Berlin, die Überseetransporte mit Seeverladung über die Hamburger Zweigstelle abgewickelt. Durch die zunehmende Konzentration auf den internationalen Seetransport wurde die Hamburger Niederlassung zur eigentlichen Zentrale. 1912 übernahm Friedrich Fleck diese vollständig und führte sie unter dem Namen Jordan & Berger Nachf. fort. Das Berliner Stammhaus war zuvor liquidiert worden. Kam es während des Ersten Weltkrieges zu erheblichen Einbußen, so wickelte die Firma nach 1918 wieder Transporte nach Russland, Asien, Australien und Amerika ab. Sie besaß Filialen in Berlin, Bremen, Frankfurt, Nürnberg, Stettin, Stuttgart und Rotterdam. 1921 wurde das Unternehmen in eine Aktiengesellschaft umgewandelt. Friedrich Fleck übernahm bis 1922 den Posten des Direktors.

Hamburger Adressbuch, verschiedene Jahrgänge – Jordan & Berger Nachf., Hamburg Lübeck: 1856–1906–1916. Hamburg 1916, S. 5–9

Hermann Weinberg

Der Kaufmann Hermann Weinberg war von 1902 bis 1915 gemeinsam mit Hugo Kantorowicz Mitinhaber der Mineralölimportfirma Kantorowicz & Weinberg in der Bergstraße 16. Diese handelte vor allem mit Ölen und Fetten. Außerdem besaßen Kantorowicz und Weinberg eine Fabrik zur Verarbeitung von Rohöl in der Süderstraße 285. Von 1916 bis 1933 führte letzterer die Importfirma als alleiniger Inhaber unter dem Namen Hermann Weinberg. Er wohnte seit 1917 in der St. Benedictstraße 6. Wahrscheinlich war er – ebenso wie sein langjähriger Geschäftspartner Kantorowicz, der 1943 im Vernichtungslager Sobibor ermordet wurde – jüdischer Konfession.

Hamburger Adressbuch, verschiedene Jahrgänge

Die Mitglieder des ersten Kuratoriums auf dem Gemälde von Henry Ludwig Geertz

Im April 1907 war es soweit. Durch staatliche Genehmigung wurde der Hamburgischen Wissenschaftlichen Stiftung am 12. April 1907 die Rechtsfähigkeit verliehen. Die Stiftungsverfassung ist auf den 10. April 1907 datiert und trägt die Unterschriften von Otto Dehn, Werner von Melle, Max Schinckel, Edmund Siemers, Moritz Warburg und Adolph Woermann. Wenige Tage später, am 16. April 1907, tagte zum ersten Mal das Kuratorium der Stiftung im Phönixsaal des Hamburger Rathauses.

Bei der personellen Zusammensetzung des Kuratoriums hatte Werner von Melle darauf geachtet, dass die Stiftung nicht ohne Verbindung zum Senat und der ihm nachgeordneten Oberschulbehörde blieb. Den Vor-

Die erste Sitzung des Kuratoriums der Hamburgischen Wissenschaftlichen Stiftung, Gemälde von Henry Ludwig Geertz (1911)
Oben von links nach rechts: Robert Münzel, August Voller, Friedrich Bendixen, Otto Dehn, Max Schinckel, Otto Westphal und Werner von Melle

sitz im Kuratorium hatte er selbst inne, als sein Stellvertreter fungierte Senator Gottfried Holthusen, während der Regierungsrat aus der Oberschulbehörde Max Förster auf der ersten Kuratoriumssitzung zum Sekretär der Stiftung ernannt wurde. Damit waren die Voraussetzungen für eine enge Kooperation zwischen Stiftung und Staat geschaffen.[16]

WIE bereits eingangs erwähnt, ist die erste Kuratoriumssitzung auf einem Gemälde des Hamburger Malers Henry Ludwig Geertz festgehalten. Das Bild zeigt in der Tradition altniederländischer Regentenstücke alle 19 Mitglieder des ersten Stiftungskuratoriums, außerdem den Sekretär der Stiftung, Regierungsrat Max Förster. Erstmals öffentlich gezeigt wurde das Geertzsche Gemälde am 12. Mai 1911 im Rahmen der Eröffnungsfeierlichkeiten des Vorlesungsgebäudes. Edmund Siemers führte an diesem Tag die Gäste in die Räumlichkeiten der Hambur-

Unten von links nach rechts: Hugo Krüss, Hermann Lenhartz, Eduard Westphal, Adolph Woermann, Albert Ballin, Henry Percy Newman, Julius Engel, Georg Behrmann, Moritz Warburg, Edmund Siemers, Ernst Friedrich Sieveking, Gottfried Holthusen und Max Förster

gischen Wissenschaftlichen Stiftung und präsentierte dort ein monumentales Wandgemälde, „das die eine Schmalwand des Sitzungssaals oberhalb des Präsidentenplatzes ganz ausfüllt".[17] Der Gedanke, „dem Sitzungszimmer der Wissenschaftlichen Stiftung eine dauernde Erinnerung zu geben durch Stiftung eines großen Bildes, die erste Sitzung [des Kuratoriums, JG] darstellend", war ihm im Winter 1909 gekommen.[18] Und so beauftragte er seinen Protegé, den Maler Henry Ludwig Geertz, „diesen (...) historischen Moment zu fixieren"[19] – zum Missfallen des scharfzüngigen Richters, Kunstsammlers und Mäzens Gustav Schiefler, der es als „Beweis seiner Ahnungslosigkeit in künstlerischen Dingen" bewertete, dass Siemers ausgerechnet den „Schaumschläger" Geertz mit dieser wichtigen Arbeit betraut hatte.[20]

Im Folgenden werden alle auf dem Gemälde dargestellten Personen in Kurzbiographien gewürdigt, denen wiederum Hinweise auf gedruckte Quellen und weiterführende Literatur beigefügt sind. Im Fokus der Ausführungen liegt die wissenschaftliche bzw. wirtschaftliche Tätigkeit der betreffenden Person und ihr bürgerschaftlichem Engagement in und außerhalb Hamburgs.

16 *Werner, Stiftungsstadt (wie Anm. 11), S. 84.*

17 *Melle, Jahre (wie Anm. 7), S. 444.*

18 *Tagebuch von Edmund Julius Arnold Siemers, Hamburg. Original-Abschrift, wortgetreu wiedergegeben von August Schlingloff, Hamburg-Großflottbek 1961, Textüberarbeitung sowie Bilder und Ausstattung Hans-Edmund Siemers, 1995, in: Edmund J. A. Siemers: Tagebücher und Lebenslauf, Hamburg 1996 [Privatdruck], S. 18 (Archiv der Edmund Siemers-Stiftung).*

19 *Das Vorlesungsgebäude (wie. Anm. 4), S. 75.*

20 *Schiefler, Kulturgeschichte (wie Anm. 7), S. 119.*

Albert Ballin

* 15. August 1857, Hamburg · † 9. November 1918, Hamburg

1852 gründete Samuel Joel Ballin zusammen mit Samuel Moritz Hirsch die Auswanderer-Agentur Morris & Co. Seit 1874 arbeitete Albert Ballin in der väterlichen Firma, ein Jahr später erhielt er Prokura und wurde 1879 schließlich deren Mitinhaber. 1881 begann er die Zusammenarbeit mit dem Neffen des Hamburger Großreeders Robert Miles Sloman jr., Edward Carr, und dessen Reederei. Bereits 1882 liefen 17 Prozent des gesamten Hamburger Auswandererverkehrs über die Carrsche Linie. 1886 trat Ballin den Posten als Leiter der Passageabteilung bei der Hapag an, bereits zwei Jahre später wurde er in deren Vorstand berufen. 1899 folgte die Ernennung zum Generaldirektor. Zielstrebig erweiterte er das Angebot der Hapag, die sich unter seiner Führung zur weltweit größten Schifffahrtslinie entwickelte. Ballin galt als einflussreicher „Berater" Wilhelms II. in Wirtschafts- und Marinefragen – misstrauisch beäugt von vielen Deutschnationalen, für die er diffuse Ängste vor dem „internationalen jüdischen Großkapital" verkörperte. Seit 1908 versuchte Ballin, bis dahin einer der Hauptverfechter der Tirpitzschen Flottenpolitik, den Boden für eine deutsch-britische Flottenverständigung zu bereiten – allerdings erfolglos. Anfang November 1918 wurde der nationalliberale Monarchist gebeten, die Friedensverhandlungen für das Deutsche Reich zu führen. Dazu kam es jedoch nicht mehr: Mit dem Zusammenbruch der Monarchie und des alten Europa schied Ballin am 9. November 1918 aus dem Leben. Zur Erinnerung an ihn wurde 1947 in Hamburg-Altstadt der Alsterdamm in Ballindamm umbenannt.

Albert Ballin

Ahrens, Gerhard; Hauschild-Thiessen, Renate: Die Reeder: Laeisz, Ballin, Hamburg 1989 – Cecil, Lamar: Albert Ballin. Wirtschaft und Politik im deutschen Kaiserreich 1888–1918, Hamburg 1969 – Gerhardt, Johannes: Albert Ballin, Hamburg 2009 (englische Übersetzung: Hamburg 2010) (Mäzene für Wissenschaft; 6), frei verfügbar über: http://hup.sub.uni-hamburg.de/purl/HamburgUP_MfW06_Ballin – Lorenz, Ina: Art. Ballin, Albert in: Hamburgische Biografie 1, Hamburg 2001, S. 32–34 – Straub, Eberhard: Albert Ballin. Der Reeder des Kaisers, Berlin 2001 – Wiborg, Susanne: Albert Ballin, Hamburg ^{4}2013 (Ham-burger Köpfe) – Stubmann, Peter F.: Mein Feld ist die Welt. Albert Ballin, sein Leben, Hamburg 1960 [erweiterte Neuauflage der 1926 erschienenen Ballin-Biographie]

Dr. Christian Conrad Georg Behrmann

* 15. November 1846, Hamburg · † 10. Februar 1911, Lokstedt

Georg Behrmann begann 1866 in Halle mit dem Studium der Theologie und Orientalistik und wechselte zwei Jahre später an die Universität Tübingen. 1870 als Adjunkt in Curslak ordiniert, wurde er 1872 an der Hamburger Hauptkirche St. Michaelis Diakon. Ein Jahr später folgte er dem Ruf nach Kiel als Pastor an St. Nicolai. Seit 1880 war er Hauptpastor an St. Michaelis in Hamburg. 1894 wurde er sämtlichen hamburgischen Geistlichen als Senior vorgestellt. Als solcher vertrat er die hamburgische Landeskirche auf der Eisenacher Kirchenkonferenz und seit 1902 die drei Hansestädte im deutschen evangelischen Kirchenausschuss. Behrmann veröffentlichte eine Reihe theologischer, philologischer und belletristischer Arbeiten und engagierte sich seit 1897 im Rahmen des Allgemeinen Vorlesungswesens. 1902 wurde ihm die Leitung des 13. Internationalen Orientalistenkongresses in Hamburg übertragen. Er stand in engem Kontakt zu den seit 1908 nach Hamburg berufenen Professoren, vor allem zu Carl Meinhof, dem Professor für afrikanische Sprachen.

Georg Behrmann (1905)

Art. Behrmann, Christian Conrad Georg, in: Bautz, Friedrich W. (Hg.): Biographisch-bibliographisches Kirchenlexikon 1, Reutlingen 1975, Sp. 467 – Behrmann, Georg: Erinnerungen, Berlin 1904 – Hering, Rainer: Art. Behrmann, Christian Conrad Georg, in: Hamburgische Biografie 3, Göttingen 2006, S. 32–33 – Lohse, Bernhard: Behrmann, Hunziger, Schlöffel – Hauptpastoren an St. Michaelis (1880 bis 1954). Drei Charaktere und ein Amt, in: Haas, Dieter (Hg.): Der Turm. Hamburgs Michel, Gestalt und Geschichte, Hamburg 1986, S. 96–133 – Senior D. Georg Behrmann, seine Persönlichkeit und sein Wirken. Eindrücke und Erinnerungen gesammelt von seinen Freunden, Hamburg 1916

Dr. Friedrich Bendixen

* 30. September 1864, San Francisco (Kalifornien) · † 29. Juli 1920, Hamburg

Nach dem Studium der Rechtswissenschaften in Heidelberg und Leipzig, wo er promoviert worden war, ließ sich Friedrich Bendixen in Hamburg als Anwalt nieder. Seit 1895 gehörte er als Direktor dem Vorstand der Hamburger Hypothekenbank an. Ausgehend von den dort gesammelten Erfahrungen und den Theorien des Nationalökonomen Georg Friedrich Knapp wurde Bendixen einer der bedeutendsten deutschen Geldtheoretiker mit zahlreichen finanzpolitischen und volkswirtschaftlichen Veröffentlichungen. Bendixen stand der Schriftleitung des „Hamburgischen Correspondenten" nahe und schrieb immer wieder politische Artikel. Während des Ersten Weltkrieges sprach er sich für den uneingeschränkten U-Boot-Krieg aus. Als Kuratoriumsmitglied der Hamburgischen Wissenschaftlichen Stiftung arbeitete er das Programm für eine „Hamburger wissenschaftliche Zeitung" aus, die sich an die Gebildeten ganz Deutschlands wenden sollte. Bendixens Haus am Harvestehuder Weg enthielt eine ansehnliche Sammlung hamburgischer Bilder, zeitweise war er Mäzen des friesischen Malers Momme Nissen.

Friedrich Bendixen (1905)

Baxa, Jacob: Art. Bendixen, Friedrich, in: Neue Deutsche Biographie 2, Berlin 1955, S. 40 – Bendixen, Friedrich: Politische Briefe aus den Jahren des Weltkrieges, Berlin 1919 – Bendixen, Friedrich: Briefe an Momme Nissen: 1904–1916, Hamburg 1969 – Nissen, Benedikt M.; Bendixen, Friedrich; Bendixen, Grete: Neu entdeckte Briefe von Momme Nissen, Friedrich und Grete Bendixen: 1909–1929, Hamburg 1973 – Schiefler, Gustav: Eine hamburgische Kulturgeschichte: 1890–1920. Beobachtungen eines Zeitgenossen, Hamburg 1985, S. 55 f., 132

Dr. Otto Carl Isaac Dehn

* 4. Juni 1852, Hamburg · † 5. März 1925, Hamburg

Otto Dehn, der aus einer jüdischen Familie stammte, studierte in Göttingen Rechtswissenschaften und wurde dort 1875 promoviert. Im selben Jahr ließ er sich als Rechtsanwalt in Hamburg nieder. 1881 trat er in die Anwaltspraxis von Isaac Wolffson und dessen Sohn Albert Martin Wolffson ein, beide waren entfernt mit ihm verwandt. Die Kanzlei befand sich in den Großen Bleichen 46 und seit 1894 am Neuen Wall 77. Von 1891 bis 1925 war Dehn im Vorstand der Hanseatischen Anwaltskammer vertreten. Ferner wurde er bei verschiedenen Unternehmen in den Aufsichtsrat gewählt, so z. B. in den der Vereinsbank (1914) und den der Hypothekenbank (1916). Seit 1895 gehörte er außerdem der ersten und zweiten Sektion der Oberschulbehörde an. Werner von Melle charakterisierte Dehn als klugen Rechtsanwalt, der „mir jahrzehntelang bei meinen auf Hebung der Wissenschaft in Hamburg gerichteten Bestrebungen einer der besten und getreuesten Mitarbeiter war“.

Otto Dehn

Dr. Albert Wolffson (1847–1913), Hamburg 1913 [Reden der Herren Otto Dehn und Julius Engel] – Hamburger Fremdenblatt Nr. 68 (9. März 1925): Beerdigung Otto Dehn – Hamburger Adressbuch, verschiedene Jahrgänge – Hamburger Nachrichten Nr. 114 (9. März 1925): Trauerfeier für Dr. Otto Dehn – Matthies, Walther: Vereinsbank in Hamburg. Biographien der Aufsichtsrats- und Vorstandsmitglieder seit der Gründung der Bank im Jahre 1856, Hamburg 1970, S. 72 f., 154 f. – Melle, Werner, von: Dreißig Jahre Hamburger Wissenschaft: 1891–1921. Rückblicke und persönliche Erinnerungen, Band 1, Hamburg 1923, S. 28 – Morisse, Heiko: Jüdische Rechtsanwälte in Hamburg. Ausgrenzung und Verfolgung im NS-Staat, Hamburg 2003, S. 11, 122

Dr. h. c. Julius Friedrich Theodor Engel

* 27. August 1842, Schleswig · † 2. April 1926, Hamburg

Julius Engel, geboren in Schleswig, bestand nach dem Studium der Rechts- und Staatswissenschaften in Kiel und Heidelberg 1867 das Staatsexamen, wurde Amtssekretär in Reinbek, später Assessor beim Amtsgericht in Albersdorf und 1868 Rechtsanwalt und Notar in Neumünster. Zwölf Jahre später, 1880, trat er als Amtsrichter in den hamburgischen Justizdienst über, wurde 1882 Landrichter, 1885 Landgerichtsdirektor, 1893 Oberlandesgerichtsrat und 1900 Präsident des Landgerichts. Engel erwarb sich in Zusammenhang mit der Einführung des Bürgerlichen Gesetzbuches in Hamburg hohe Anerkennung. Von 1887 bis 1913 gehörte er als Mitglied der Fraktion der Rechten der Hamburgischen Bürgerschaft an, wo er sich besonders in Ausschüssen und Kommissionen engagierte; seit 1902 war er Präsident dieses Parlaments. 1912 bekam er von der juristischen Fakultät der Universität Kiel die Ehrendoktorwürde verliehen.

Julius Engel (1905)

Hamburger Fremdenblatt Nr. 93 (3. April 1926): Nachruf Julius Engel – Hamburger Nachrichten Nr. 278 (16. Juni 1912): Bürgerschaftsjubiläum des Präsidenten Engel

Dr. Max Eduard Förster

* 10. Mai 1866, Hamburg · † 4. Juni 1960, Schwarzenbek

Max Förster besuchte das Johanneum in Hamburg und machte dort 1887 das Abitur. Seit 1888 studierte er Mathematik und Philosophie in Berlin und Jena, wo er 1892 promoviert wurde. 1893 begann er in Berlin mit dem Studium der Rechtswissenschaft und legte 1896 die erste, 1900 die zweite juristische Prüfung ab. Zunächst Assessor in der Senatskommission für Reichs- und auswärtige Angelegenheiten, wurde er 1901 definitiv in den hamburgischen Verwaltungsdienst übernommen. Nachdem er erst in der Baudeputation, dann in der Polizeibehörde tätig gewesen war, wechselte er im Februar 1903 in die Oberschulbehörde und wurde wenige Monate später zum Regierungsrat ernannt. Förster, der kein Mitglied des Kuratoriums der Hamburgischen Wissenschaftlichen Stiftung war, wurde auf dessen erster Sitzung zum Sekretär der Stiftung ernannt. Diesen Posten hatte er bis 1917 inne. Bei der Anfertigung der Begründung zur Universitätsvorlage 1912 spielte er eine prominente Rolle. 1917 wurde Förster wegen „nervöser Erschöpfung" für mehrere Monate beurlaubt. Anschließend war er noch für kurze Zeit in der Steuerdeputation tätig.

Förster, Max E.: Zehn Jahre Hamburgischen Vorlesungswesens. Ein Bericht über die wissenschaftlichen Vorlesungen von Ostern 1895 bis Ostern 1905 unter Berücksichtigung der früheren Zeit, Hamburg 1905 – Förster, Max E.: Die Entstehungsgeschichte des Vorlesungsgebäudes, in: Das Vorlesungsgebäude in Hamburg, gestiftet von Herrn Edmund J. A. Siemers, dem hamburgischen Staate übergeben am 13. Mai 1911, Hamburg 1911, S. 5–50 – Lübbren, Friedrich: 45 Jahre Hamburgische Wissenschaftliche Stiftung 1907–1952, Hamburg 1952 [Privatdruck], S. 28 – Schiefler, Gustav: Eine hamburgische Kulturgeschichte: 1890–1920. Beobachtungen eines Zeitgenossen, Hamburg 1985, S. 54

Gottfried Friedrich August Heinrich Holthusen

* 6. März 1848, Flögeln · † 18. Juni 1920, Hamburg

Gottfried Holthusen, geboren im niedersächsischen Flögeln, kam 1862 nach Hamburg und begann bei P. A. Hänel Nachfolger, dem Geschäft seines Bruders Justus, eine kaufmännische Lehre. Nachdem er am Deutsch-Französischen Krieg 1870/71 als Feldwebel teilgenommen hatte, trat er als Mitinhaber in die Firma ein. 1874 wurde er Teilhaber der Hamburger Weingroßhandlung Wehber & Co. Auch in der bürgerlichen Selbstverwaltung und der hamburgischen Politik war Holthusen aktiv: So wurde er u. a. 1888 und 1893 in die Feuerkassendeputation und 1894 in die Finanzdeputation gewählt. In den Jahren von 1880 bis 1885 und von 1893 bis 1896 gehörte er der Hamburgischen Bürgerschaft als Mitglied der Fraktion des Zentrums an, von 1896 bis 1913 war er Senator. In dieser Tätigkeit beeinflusste er maßgeblich die Arbeiten am Köhlbrandvertrag, am Stadtpark und an der Alsterregulierung, die Neugestaltung des Gartenwesens, die Staatsverträge wegen der Walddörfer- und Alstertalbahn sowie die Arbeiten am Deichtormarkt. 1905 wurde in Volksdorf eine Straße und 1912 auf dem Kleinen Grasbrook ein Kai nach ihm benannt.

Gottfried Holthusen (1905)

Art. Holthusen, in: Deutsches Geschlechterbuch 19, Görlitz 1911, S. 91–106 – Holthusen, Gottfried: Nachrichten von der Familie Holthusen, Hamburg 1887, S. 119 – Schiefler, Gustav: Eine hamburgische Kulturgeschichte: 1890–1920. Beobachtungen eines Zeitgenossen, Hamburg 1985, S. 41

Prof. Dr. Dr. h. c. Andreas Hugo Krüss

* 23. Februar 1853 Hamburg · † 27. April 1925 Hamburg

Hugo Krüss besuchte seit 1871 die Universität und die Technische Hochschule in München und wurde 1873 promoviert. Drei Jahre später wurde er von seinem Vater, dem „Fabrikant wissenschaftlicher Instrumente" Edmund Krüss, in dessen Geschäft A. Krüss aufgenommen. Hier führte der Sohn schon bald neue Fabrikationszweige in Photometrie, Spektroskopie, Kolorimetrie und Projektion ein. Seit 1886 war er alleiniger Inhaber des Geschäfts. Neben seiner beruflichen Tätigkeit publizierte er rund 150 Titel physikalischen, technischen, wirtschaftspolitischen und philosophischen Inhalts, darunter zwei Bücher. 1917 ernannte ihn der Senat zum Professor und 1921 wurde er Ehrenmitglied der Hamburgischen Universität. Krüss war u. a. von 1891 bis 1908 Vorsitzender der Deutschen Gesellschaft für Mechanik und Optik und bis 1918 Mitglied der Oberschulbehörde. Seit 1896 gehörte er dem Hamburger Kirchenrat an, dessen Vorsitz er von 1919 an innehatte. Zur Erinnerung an Krüss trägt seit 1930 in Barmbek-Nord ein Weg seinen Namen

Hugo Krüss

Art. Krüss, Andreas Hugo, in: J. C. Poggendorffs biographisch-literarisches Handwörterbuch zur Geschichte der exacten Wissenschaften, Band 3: 1858-1883, 1. Abteilung, Amsterdam [1971] ND Leipzig 1898, S. 753–754 – Blaschke, A.: Prof. Dr. D. h. c. Hugo Krüss, in: Zeitschrift für Instrumentenkunde 45 (1925), S. 266–268 – Hamburger Fremdenblatt Nr. 303 (2. November 1917): Prof. Dr. Krüss – Hamburgischer Correspondent Nr. 561 (4. November 1919): Professor Dr. Hugo Krüss – Will, Walther (Bearb.): 100 Jahre Hamburger Gesellschaft für Feinmechanik und Optik gegründet 1891: Deutsche Gesellschaft für Mechanik und Optik gegründet 1881, Hamburg 1991, S. 8 ff.

Prof. Dr. Albert Dietrich Hermann Lenhartz

* 20. Dezember 1854, Ladbergen (Steinfurt) · † 20. April 1910, Hamburg

Hermann Lenhartz studierte Medizin in Marburg, Göttingen und Leipzig. 1877 wurde er promoviert. Von 1879 bis 1883 war er Assistent an der Medizinischen Klinik in Leipzig, in den folgenden drei Jahren praktizierte er dort als Arzt für Allgemeinmedizin. 1886 habilitierte er sich auf dem Gebiet der Inneren Medizin und wurde 1893 außerordentlicher Professor und Leiter der Leipziger Poliklinik. Zwei Jahre später ging er, u. a. auf Initiative Aby Warburgs, nach Hamburg, und zwar als Direktor des damaligen Alten Allgemeinen Krankenhauses zu St. Georg. 1901 wurde er dann Direktor des Neuen Allgemeinen Krankenhauses Eppendorf. Hier machte er sich vor allem als Organisator einen Namen, trug jedoch auch erheblich zur Entwicklung der wissenschaftlichen Kultur in der Klinik bei. Lenhartz verfasste zahlreiche kleinere medizinische Schriften und drei große Werke. Er war u. a. Mitglied der Gesellschaft Deutscher Naturforscher und Ärzte. Daneben gehörte er, wie viele andere Mediziner auch, der Ortsgruppe Hamburg des Alldeutschen Verbandes an. Zur Erinnerung an Lenhartz wurde 1911 in Eppendorf eine Straße nach ihm benannt.

Hermann Lenhartz (1905)

Art. Lenhartz, Albert Dietrich Hermann, in: Fischer, Isidor (Hg.): Biographisches Lexikon der hervorragenden Ärzte der letzten fünfzig Jahre 2, München, Berlin ³1962, S. 888 – Hering, Rainer: Konstruierte Nation. Der Alldeutsche Verband 1890 bis 1939, Hamburg 2003, S. 300, 318 – Sammet, Kai: Art. Lenhartz, Albert Dietrich Hermann, in: Hamburgische Biografie 3, Göttingen 2006, S. 223–224 – Schottmöller, Hugo: Hermann Lenhartz, in: Brauer, Ludolph (Hg.): Festschrift dem Eppendorfer Krankenhause zur Feier seines 25jährigen Bestehens gewidmet von den Oberärzten und leitenden Ärzten der Anstalt, Leipzig, Hamburg 1914, S. LIX–LXXIII – Weisser, Ursula (Hg.): 100 Jahre Universitäts-Krankenhaus Eppendorf 1889–1989, Tübingen 1989, S. 52 ff., 196, 568

Dr. D. Dr. h. c. Werner von Melle

* 18. Oktober 1853, Hamburg · † 18. Februar 1937, Hamburg

Werner von Melle nahm 1873 das Studium der Rechtswissenschaften in Heidelberg auf. Anschließend wechselte er an die Reichsuniversität Straßburg, bevor er an die Universität nach Leipzig ging und 1876 in Göttingen zum Doktor der Rechte promoviert wurde. In den folgenden Jahren war er in Hamburg als Anwalt, Autor historischer Werke und als Journalist tätig. 1886 wurde er politischer Redakteur bei den konservativen „Hamburger Nachrichten". 1891 zum Senatssyndicus gewählt und der Oberschulbehörde als Präsidialmitglied zugeordnet, avancierte er 1900 zum Senatsmitglied und vier Jahre später zum Präses der Oberschulbehörde. 1915, 1918 und 1919 bekleidete er das Amt des Ersten Bürgermeisters der Freien und Hansestadt Hamburg. Bei der Entstehung der Hamburgischen Wissenschaftlichen Stiftung spielte von Melle seit 1904 die entscheidende Rolle. Als ihr Präsident prägte er bis 1935 die Arbeit der Stiftung. Ebenso setzte er sich ganz maßgeblich für die 1919 erfolgte Gründung der Hamburgischen Universität ein. Nachdem er aus dem Senat ausgeschieden war, wählte ihn diese 1921 zum „Rector magnificus honoris causa", eine in Deutschland einmalige Auszeichnung. 1961 wurde in Rotherbaum der Von-Melle-Park nach ihm benannt.

Werner von Melle (1905)

Ahrens, Gerhard: Werner von Melle und die Hamburgische Universität, in: Zeitschrift des Vereins für Hamburgische Geschichte 66 (1980), S. 63–93 – Ders.: Art. von Melle, Werner in: Neue Deutsche Biographie 17, Berlin 1993 S. 20–21 – Hering, Rainer: Art. Melle, Werner von, in: Hamburg Lexikon, Hamburg ^{4}2010, S. 459 – Melle, Werner, von: Dreißig Jahre Hamburger Wissenschaft: 1891–1921. Rückblicke und persönliche Erinnerungen, 2 Bände, Hamburg 1923–1924 – Ders.: Jugenderinnerungen. Mit einer familiengeschichtlichen Einleitung, Hamburg 1928 – Richter, Myriam I.: Stadt – Mann – Universität. Hamburg, Werner von Melle und ein Jahrhundert-Lebenswerk, Teil 1: Der Mann und die Stadt, Hamburg 2016, frei verfügbar über: http://hup.sub.uni-hamburg.de/purl/HamburgUP_MfW18_1_Melle – Schiefler, Gustav: Eine hamburgische Kultur-geschichte: 1890–1920. Beobachtungen eines Zeitgenossen, Hamburg 1985, S. 73 ff., 349–404

Prof. Dr. Robert Münzel

* 12. September 1859, Wiesbaden · † 11. Juli 1917, Hamburg

Robert Münzel studierte seit 1878 Klassische Philologie und Geschichte an der Universität Bonn. Er schloss sein Studium 1883 mit der Promotion und 1884 mit der Prüfung für das höhere Lehramt ab. Danach trat er in den preußischen Bibliotheksdienst ein und gelangte in leitende Tätigkeiten an den Universitätsbibliotheken in Marburg (1891) und Berlin (1900), jeweils als Stellvertreter des Direktors. An seiner Berufung auf die Stelle des Direktors der Stadtbibliothek Hamburg im Jahre 1902, ein Amt, das er bis 1917 ausübte, hatte Werner von Melle wesentlichen Anteil. Unter Münzels Leitung erfuhr die Bibliothek zahlreiche Veränderungen und wurde auf die künftige Rolle einer Universitätsbibliothek vorbereitet. Münzel genoss im geistigen Leben Hamburgs hohes Ansehen und war in eine Reihe bibliotheksspezifischer, wissenschaftlicher und kultureller Projekte involviert.

Robert Münzel (1905)

Burg, Fritz; Köster, Albert; Meinhof, Carl u. a.: Robert Münzel zum Gedächtnis, Hamburg 1918 – Gronemeyer, Horst: Aby Warburg und Robert Münzel. Eine Freundschaft von Bibliothek zu Bibliothek, in: Porträt aus Büchern: Bibliothek Warburg und Warburg Institute, Hamburg – 1933 – London, Hamburg 1993, S. 35–42 – Ders.: Art. Münzel, Robert, in: Hamburgische Biografie 1, Hamburg 2001, S. 212–213 – Kurig, Hans (Hg.): Geschichte der klassichen Philologie. Vorlesungsnachschrift von Robert Münzel / Jacob Bernays, Hildesheim 2008 (Spudasmata: Studien zur klassischen Philologie und ihren Grenzgebieten; 120) – Schreiber, Monika: Robert Münzel (1859–1917). Leben, Werk und Wirken des klassischen Philologen und Hamburger Bibliotheksdirektors, Göttingen 2000

Henry Percy Newman

* 9. Januar 1868, Altona · † 7. Februar 1917, Berlin

Der Sohn des Bankiers Henry Louis Newman gründete 1896 die Firma Henry Newman, die schon bald zu den führenden Getreide-Handelshäusern Deutschlands gehörte. Aufgrund seiner Kenntnisse um diesen Rohstoff war Henry Percy Newman als Berater Wilhelms II. und im preußischen Landwirtschaftsministerium tätig. Politisch stand er zunächst den politischen Ideen Friedrich Naumanns nahe, rückte jedoch „in späteren Jahren von allen volksfreundlichen Bestrebungen merklich ab", so Gustav Schiefler. Während des Ersten Weltkrieges sprach sich Newman wiederholt für den uneingeschränkten U-Boot-Krieg aus. 1893 war der leidenschaftliche Kunstsammler mit seiner Frau Maria in das Haus Fontenay 7 gezogen, wo er die Räume mit wertvollen Gemälden dekorierte. Newmans Sammlung bestand aus über 40 Ölbildern und Pastellen, darunter Werken von Paul Cezanne, Max Liebermann, Edouard Manet, Claude Monet und Edvard Munch. Bei der Auswahl der Bilder ließ er sich vom Direktor der Hamburger Kunsthalle Alfred Lichtwark beraten, zu dessen näherem Kreis er gehörte. 1905 baute Newman in Hittfeld das Sommerhaus „Sunderberg", das sich zum Treffpunkt kulturell interessierter Familien entwickelte.

Henry Percy Newman (1905)

Busold, Stefanie: „Echte Freude an schönen Bildern". Der Sammler Henry P. Newman, in: Luckhardt, Ulrich (Hg.): Private Schätze: Über das Sammeln von Kunst in Hamburg bis 1933, Hamburg 2001, S. 52–57 – Busold, Stefanie: Henry P. Newman. Hamburger Großkaufmann und Mäzen, Hamburg 2012 (Mäzene für Wissenschaft; 12), frei verfügbar über: http://hup.sub.uni-hamburg.de/purl/HamburgUP_MfW12_Newman – Schiefler, Gustav: Eine hamburgische Kulturgeschichte: 1890–1920. Beobachtungen eines Zeitgenossen, Hamburg 1985, S. 132 f., 331

Dr. h. c. Maximilian Heinrich von Schinckel

Siehe Seite 63

Edmund Julius Arnold Siemers

Siehe Seite 65

Dr. Ernst Friedrich Sieveking

* 24. Juni 1836, Hamburg · † 13. November 1909, Hamburg

Bereits mit 21 Jahren war Ernst Friedrich Sieveking nach dem Studium der Rechtswissenschaften in Göttingen, Leipzig und Jena promovierter Jurist. Ein Jahr später, 1858, ließ er sich als Anwalt in Hamburg nieder. 1874 wurde Sieveking Mitglied der Hamburgischen Bürgerschaft und drei Jahre später – widerwillig – Senator. Seine eigentliche Bestimmung fand er, als er 1879 zum ersten Präsidenten des neu gegründeten Hanseatischen Oberlandesgerichts ernannt wurde. Als solcher galt sein Interesse vor allem dem Handels-, Seehandels- und dem Versicherungsrecht. Auf diesen Gebieten verfasste er eine Reihe von Publikationen. Seit 1879 präsidierte Sieveking häufig bei internationalen Seerechtskonferenzen. 1889 war er Vertreter des Deutschen Reiches auf der Internationalen Seerechtskonferenz in Washington. In den folgenden Jahren führte er dort den Vorsitz. 1901 wurde er zum Beisitzer des Internationalen Schiedsgerichtshofs in Den Haag bestellt. Bereits 1905 trat Sieveking für die Gründung einer Universität in Hamburg ein. Zur Erinnerung an ihn heißt der Platz vor dem Oberlandesgericht seit 1911 Sievekingplatz.

Ernst Friedrich Sieveking (1905)

Albers, Jan: Art. Sieveking, Ernst Friedrich, in: Hamburg Lexikon, Hamburg [4]2010, S. 627–628 – Kurland, Hans-Joachim: Richter: Ernst Friedrich Sieveking – Max Mittelstein – Herbert Ruscheweyh, in: Albers, Jan; Asche, Klaus; Gündisch, Jürgen u. a. (Hg.): Recht und Juristen in Hamburg, Köln 1994, S. 325–342 – Schiefler, Gustav: Eine hamburgische Kulturgeschichte: 1890–1920. Beobachtungen eines Zeitgenossen, Hamburg 1985, S. 52 – Schröder, Hans Joachim: Ernst Friedrich Sieveking. Erster Präsident des Hanseatischen Oberlandesgerichts, Hamburg 2009 (Mäzene für Wissenschaft; 7), frei verfügbar über: http://hup.sub.uni-hamburg.de/purl/HamburgUP_MfW07_Sieveking – Ders.: Art. Sieveking, Ernst Friedrich, in: Hamburgische Biografie 6, Göttingen 2012, S. 314–315

Prof. Dr. Carl August Voller

* 31. Oktober 1842, Elberfeld · † 9. Juli 1920, Hamburg

August Voller war er von 1857 bis 1868 kaufmännisch tätig und bereitete sich in dieser Zeit selbst auf das Abitur vor, das er 1869 bestand. Schon seit 1868 war er an der Universität Göttingen eingeschrieben, später ging er nach Berlin. Seit 1872 arbeitete er dann als Lehrer für Mathematik und Naturwissenschaften an der Glitzaschen Privatschule in Hamburg, 1873 wurde er promoviert. Von 1875 bis 1885 war Voller am Johanneum tätig, seit 1879 verwaltete er zudem das physikalische Kabinett des Akademischen Gymnasiums. Dieses wurde 1885 auf seine Veranlassung hin von der Stadt Hamburg in eine wissenschaftliche Anstalt umgewandelt, das Physikalische Staatslaboratorium. Nachdem er zum Professor ernannt war, entfaltete Voller eine bedeutende Forschungs- und Lehrtätigkeit und war Vorsitzender einer Reihe von wissenschaftlichen Vereinen. 1919 wurde er wegen seiner Verdienste um die Gründung der Hamburgischen Universität zum Honorarprofessor der Naturwissenschaftlichen Fakultät ernannt. Von 1907 bis 1913 gehörte er als Mitglied der Fraktion der Rechten der Hamburgischen Bürgerschaft an.

August Voller (1905)

Art. Voller, Carl August, in: Neubert, Franz (Hg.): Deutsches Zeitgenossenlexikon, Leipzig 1905, S. 1514 – Art. Voller, Carl August, in: J. C. Poggendorffs biographisch-literarisches Handwörterbuch für Mathematik, Astronomie, Physik, Chemie und verwandte Wissenschaftsgebiete, Band 5: 1904–1922, 2. Abteilung, Berlin 1926, S. 1318 – Hamburger Fremdenblatt Nr. 257 (1. November 1912): 70. Geburtstag Carl August Voller

Otto Eduard Westphal

* 12. Juli 1853, Hamburg · † 6. Januar 1919, Hamburg

Otto Westphal war zunächst Prokurist und seit 1880 Mitinhaber der bereits 1796 gegründeten Tee-Importfirma G. W. A. Westphal Sohn & Co. Diese gab 1892 das Ladengeschäft auf und betrieb seitdem nur noch Großhandel. 1908 wurde Westphal zudem Mitinhaber der Firma Westphal, King & Ramsey Ltd., die ebenfalls im Teegeschäft aktiv war. Außerdem war er Aufsichtsratsmitglied bei der Deutschen Bank und bei Blohm & Voss. Westphal spielte im politischen Leben Hamburgs eine bedeutende Rolle: Er gehörte seit 1894 der Finanzdeputation an, war von 1892 bis 1900 Mitglied der Hamburgischen Bürgerschaft (Fraktion der Rechten) und wurde 1900 in den Senat gewählt. Als Senator war er u. a. Präses der zweiten Sektion der Baudeputation, wobei ihm der Strom- und Hafenbau unterstand. Der Bau des Elbtunnels, 1911 eröffnet, gehörte zu seinem Zuständigkeitsbereich. Außerdem war er Vorsitzender der Geographischen Gesellschaft in Hamburg. Zur Erinnerung an Otto Westphal wurde 1980 in Steinwerder das Westphalufer nach ihm benannt.

Otto Westphal (1905)

Art. Westphal, in: Lorenz-Meyer Eduard L.; Tesdorpf, Oscar L.: Hamburgische Wappen und Genealogien, Hamburg 1890, S. 471–480 – Art. Westphal, in: Deutsches Geschlechterbuch 210, Limburg 2000, S, 475–604 – Hamburger Fremdenblatt Nr. 299, Beilage 2 (20. Dezember 1908): Fünf Generationen – Lüth, Erich: G. W. A. Westphal Sohn & Co. GmbH: 1796–1971. Nach Berichten von Eduard Westphal und Dokumenten aus den Archiven, Hamburg 1971 – Westphal, Ida: Meinen lieben Enkelkindern ein Erinnerungsblatt. Geschrieben von Ihrer Großmutter Ida Westphal, Hamburg 1927, S. 17 ff.

Dr. Eduard Wilhelm Westphal

* 11. Januar 1856 · † 7. Juli 1916, Hamburg

Nach dem Studium der Rechtswissenschaften wurde der jüngere Bruder Otto Westphals und Schwager Werner von Melles 1878 als Advokat zugelassen. 1882 trat er in die Sozietät Seebohm, Scharlach und Westphal ein. Außerdem gehörte er seit 1902 dem Vorstand der Hanseatischen Anwaltskammer an, seit 1914 übte er dort das Amt des stellvertretenden Vorsitzenden aus. In den Jahren 1880 bis 1884 war er Verwalter der Hamburger Sparkasse von 1827. Außerdem betätigte er sich 1882 als Armen- und Schulpfleger. Von 1901 bis 1913 war Eduard Westphal Mitglied der Fraktion der Rechten der Hamburgischen Bürgerschaft.

Eduard Westphal

Art. Westphal, in: Deutsches Geschlechterbuch 210, Limburg 2000, S, 475–604 – Hamburger Fremdenblatt Nr. 187 (8. Juli 1916): Nachruf Eduard Westphal [von Carl Petersen] – Neue Hamburger Zeitung Nr. 342 (8. Juli 1916): Nachruf Eduard Westphal – Pöllath, Reinhard; Saenger, Ingo (Hg.): 200 Jahre Wirtschaftsanwälte in Deutschland, Baden-Baden 2009, S. 81

Adolph Woermann

Siehe Seite 77

Abbild – 1925 fertigte der Bildhauer Friedrich Wield eine Bronze Werner von Melles an, von der heute ein Nachguss in der Wandelhalle des Vorlesungsgebäudes steht

Chronologischer Überblick: Die Hamburgische Wissenschaftliche Stiftung

September 1904	Werner von Melle berät mit Max Warburg über die Gründung einer Stiftung zur Förderung der Wissenschaften in Hamburg
Weihnachten 1905	Alfred Beit sagt bei einem Hamburg-Besuch zu, zwei Millionen Mark als Grundstock für die geplante Stiftung zur Verfügung zu stellen
16. April 1907	erste Sitzung des Kuratoriums der Hamburgischen Wissenschaftlichen Stiftung; dieses beschließt die Einrichtung einer Stifungsprofessur für neuere Geschichte, die mit dem Heidelberger Ordinarius Erich Marcks besetzt wird; Edmund Siemers entschließt sich – angeblich unter dem Eindruck der ersten Kuratoriumssitzung –, das Vorlesungsgebäude auf der Moorweide zu stiften; Werner von Melle wird zum ersten Präsidenten der Hamburgischen Wissenschaftlichen Stiftung gewählt
1907–1920	die Hamburgische Wissenschaftliche Stiftung übernimmt für zweiundzwanzig weitere Wissenschaftler, die nach Hamburg berufen werden, das Gehalt oder einen Zuschuss dazu
17. Dezember 1907	das Kuratorium beschließt die Ausrüstung einer Südsee-Expedition
1908–10	Südsee-Expedition in das Bismarck-Archipel und nach Neu-Guinea; die Gesamtkosten von rund 583.000 Mark trägt die Hamburgische Wissenschaftliche Stiftung; die Ergebnisse der Expedition sind in 28 Bänden dargelegt, die ebenfalls aus Mitteln der Stiftung (117.000 Mark) im Laufe der folgenden Jahre herausgegeben werden
1913	das Kuratorium beschließt, die Stifungsprofessur mit dem Berliner Ordinarius Max Lenz neu zu besetzen, der sie bis 1922 innehat
1922	August Heckscher vermacht der Hamburgischen Wissenschaftlichen Stiftung einen Betrag von 10 Millionen Mark; unbekannt ist, wann diese Summe tatsächlich in die Hände der Stiftung gelangt
31. Dezember 1922	das Vermögen der Hamburgischen Wissenschaftlichen Stiftung beträgt rund 7 Millionen Mark
1. Januar 1924	die erste Goldmark-Bilanz (Eröffnungsbilanz) der Stiftung zeigt ein Vermögen von rund 8.000 Goldmark
1926	Otto Beit schenkt der Hamburgischen Wissenschaftlichen Stiftung drei Grundstücke mit Etagenhäusern in der Alten Rabenstraße 5 sowie der Rothenbaumchaussee 5 und 7

1934	die Hamburgische Wissenschaftliche Stiftung gibt ihre Geschäftsstelle im Vorlesungsgebäude auf; im Kuratoriumsprotokoll ist vermerkt, dass es vielleicht klüger sei, bei „den heutigen Zeitverhältnissen (…) die Räume (…) der Landesunterrichtsbehörde (…) zu überlassen“
5. November 1935	Kurt Siemers wird neuer Präsident der Hamburgischen Wissenschaftlichen Stiftung; Werner von Melle scheidet aus dem Kuratorium aus und wird zum Ehrenpräsidenten der Stiftung ernannt
1937	Max Warburg tritt aus dem Kuratorium der Hamburgischen Wissenschaftlichen Stiftung zurück; der von allen Kuratoriumsmitgliedern unterzeichnete Brief schließt mit den Worten, dieser habe sich „ein Denkmal dauerhafter als Erz“ geschaffen
31. Dezember 1938	die letzte Vorkriegsbilanz der Hamburgischen Wissenschaftlichen Stiftung weist ein Vermögen von 1,05 Millionen Reichsmark auf
1943	bei den Bombenangriffen auf Hamburg wird praktisch das gesamte Stiftungsarchiv zerstört, das sich im Kontorhaus der Firma G. H. H. Siemers & Co. am Dornbusch 12 befindet; das Etagenhaus in der Alten Rabenstraße 5 brennt vollständig aus, die anderen beiden Häuser im Stiftungsbesitz erleiden erhebliche Schäden
31. Dezember 1944	das Vermögen der Stiftung beträgt 1,26 Millionen Reichsmark
31. Januar 1945	Hermann Münchmeyer wird zum Präsidenten der Stiftung gewählt
17. Juli 1947	Kurt Sieveking wird zum Präsidenten der Stiftung gewählt
1949/50	die Hamburgische Wissenschaftliche Stiftung verkauft das Grundstück Rothenbaumchaussee 5, das Gebäude in der Rothenbaumchaussee 7 wird gründlich überholt
11. Juli 1951	Kurt-Hartwig Siemers wird zum Präsidenten der Hamburgischen Wissenschaftlichen Stiftung gewählt
31. Dezember 1951	das Vermögen der Hamburgischen Wissenschaftlichen Stiftung beträgt rund 216.000 DM
1952	die Hamburgische Wissenschaftliche Stiftung verkauft das Grundstück Alte Rabenstraße 5 und erwirbt die Stadtvilla Magdalenenstraße 23
1957	50-Jahrfeier der Hamburgischen Wissenschaftlichen Stiftung im Großen Festsaal des Hamburger Rathauses; den Festvortrag hält Carl Friedrich Freiherr von Weizsäcker
1963	die Hamburgische Wissenschaftliche Stiftung wird treuhänderische Trägerin des 1966 offiziell eröffneten Instituts für die Geschichte der Deutschen Juden, der ältesten wissenschaftlichen Einrichtung ihrer Art in Deutschland; durch Bestallungsurkunde der Stiftung werden Karl Heinrich Rengstorf und Dietrich Gerhardt zu Direktoren des Instituts bestellt
1965	das Institut bezieht seine Räume in der Rothenbaumchaussee 7
1970	das Kurt-Hartwig-Stipendium (der jetzige Kurt-Hartwig-Siemers-Wissenschaftspreis) wird zum ersten Mal ausgeschrieben
1973	die Hamburgische Wissenschaftliche Stiftung verkauft das Grundstück

	Rothenbaumchaussee 7 und erwirbt den denkmalgeschützten Rotklinkerbau Bleickenallee 15–17
1979	die Hamburgische Wissenschaftliche Stiftung begeht ihr 70-jähriges Bestehen mit einer Feier im Großen Festsaal des Hamburger Rathauses; den Festvortrag hält Jean Rudolf von Salis
8. November 1988	Jan Albers wird zum Vorsitzenden des Kuratoriums der Hamburgischen Wissenschaftlichen Stiftung gewählt
10. Februar 2004	Ekkehard Nümann wird zum Vorsitzenden des Kuratoriums der Hamburgischen Wissenschaftlichen Stiftung gewählt
2007	anlässlich des 100-jährigen Jubiläums wird die Schriftenreihe „Mäzene für Wissenschaft“ ins Leben gerufen; 100-Jahrfeier im Ernst Barlach Haus der Hermann Reemtsma Stiftung; die Festvorträge halten Jürgen Basedow und Roland Kießling
2010	der mit 10.000 Euro dotierte Melle-Preis wird zum ersten Mal ausgeschrieben
2017	der erste Band der Schriftenreihe „Wissenschaftler in Hamburg“ erscheint
2019	anlässlich des 100-jährigen Jubiläums der Universität Hamburg wird das Preisgeld des Kurt-Hartwig-Siemers-Wissenschaftspreises auf 50.000 Euro erhöht

Namensregister und Bildnachweis

Namensregister:
Verzeichnet sind die Namen von Personen aus den Kapiteln „Aktuelle Vergangenheit“ und „Die Begründer der Hamburgischen Wissenschaftlichen Stiftung“. Anmerkungen bleiben unberücksichtigt. Ein * verweist darauf, dass auf der angegebenen Seite (auch) ein Bild der jeweiligen Person bzw. der Name des Malers erscheint. Bei den Vornamen findet in den meisten Fällen eine Beschränkung auf den Rufnamen statt.

Bildnachweis

Trotz sorgfältiger Nachforschungen konnten nicht für alle Abbildungen die Rechteinhaber ermittelt werden. Sollte jemand in urheberrechtlicher Beziehung Rechte geltend machen, so möge er sich an die Hamburgische Wissenschaftliche Stiftung wenden.

100 Jahre Haltermann, Hamburg [1998] (S. 128)
125 Jahre F. A. Sohst, Hamburg 1956 (S. 114 f.)
Archiv der Edmund Siemers-Stiftung (S. 10)
Archiv der Hamburgischen Wissenschaftlichen Stiftung (S. 134 f., 155)
Arnsberg, Paul: Henry Budge. Der „geliebten Vaterstadt-Segen gestiftet", Frankfurt am Main 1972 (S. 85)
Bergedorfer Museumslandschaft (S. 84)
Bromberg, Staudt & Co. GmbH (S. 83)
CBH Archive, Beiersdorf AG (S. 94)
Der Waldreiter Nr. 55, 4 (April 2004) (S. 96)
Deutsches Geschlechterbuch 205, Limburg 1997 (S. 105)
Deutsches Geschlechterbuch 210, Limburg 2000 (S. 153)
Foto Myriam Isabell Richter (S. 11)
Foto Rudolph Dührkoop (S. 31, 35, 56, 63, 65, 67, 71, 74, 76 f., 93, 98, 138 f., 141, 143, 145–148, 150 ff.)
Foto Sebastian Rechlin (S. 8, 24)
Grisebach, Joachim: Popert-Chronik. Familie Popert in Hamburg und Altona, Hamburg 1988 (S. 88)
Hamburger Kunsthalle/bpk, Foto: Elke Walford (S. 12–15)
Hamburgische Geschichts- und Heimatblätter 14 (2002) (S. 48)
Hauschild-Thiessen, Renate: 150 Jahre Grundeigentümer-Verein in Hamburg von 1832 e.V.: ein Beitrag zur Geschichte der Freien und Hansestadt Hamburg, Hamburg 1982 (S. 81)
Hauschild-Thiessen, Renate: Zwischen Hamburg und Chile. Hochgreve & Vorwerk, Hamburg, Vorwerk & Co., Chile, Vorwerk Gebr. & Co., Hamburg, Vorwerk y Cia. S. A., Chile, Hamburg 1995 (S. 72)
Hermann Röchling, Baden-Baden (S. 126 links)
Johannsen, Werner: Wer sie waren ... wo sie ruhen. Ein Wegweiser zu bemerkenswerten Grabstätten auf dem Friedhof Nienstedten, Kiel [3]2004 (S. 45)
Luckhardt, Ulrich (Hg.): Private Schätze. Über das Sammeln von Kunst in Hamburg bis 1933, Hamburg 2001 (S. 28)
Menzell Döhle Gruppe (S. 127)
Müller, Theo; Schlapkohl, Annette: 100 Jahre Schindler. Chronik einer Hamburger Firma, Husum 2008 (S. 97)
Mutzenbecher, Geert-Ulrich: Die Versicherer. Geschichte einer Hamburger Kaufmannsfamilie, Hamburg 1993 (S. 54)
Privatbesitz (S. 30, 33 f., 49, 55, 80, 90, 100, 102 f., 116, 120 links, 126 rechts)
Reichshandbuch der deutschen Gesellschaft, zweiter Band, Berlin 1931 (S. 103 rechts, 108, 120 rechts, 124)
Sauber, Hermann; Marchtaler, Hildegard von: Sauber Gebr. Hamburg. 1839–1939, Hamburg 1939 (S. 62)
Senatspressestelle (S. 7)
Staatsarchiv Hamburg (S. 29, 39, 41, 43, 47, 50–53, 69, 73, 86, 92, 99, 137, 140)
Stadtmuseum/-archiv Baden-Baden (S. 64)
The World's Work 44 (1922) (S. 46)
Vering, Enno (Hg.): C. Vering. Die Geschichte des ältesten deutschen Tiefbau-Großunternehmens, Heidelberg 2001 (S. 70)
Wettstein, Herbert von: 125 Jahre Balatroswerke H. Rost & Co. Hamburg 1973 (S. 106)
Will, Walther (Bearb.): 100 Jahre Hamburger Gesellschaft für Feinmechanik und Optik gegründet 1891: Deutsche Gesellschaft für Mechanik und Optik gegründet 1881, Hamburg 1991 (S. 144)
Zimmermann, Siegfried, Theodor Wille 1844–1969, Hamburg 1969 (S. 82)

Aus der Reihe „Mäzene für Wissenschaft“ sind bisher erschienen:

Band 1 Die Begründer der Hamburgischen Wissenschaftlichen Stiftung
Band 2 Sophie Christine und Carl Heinrich Laeisz. Eine biographische Annäherung an die Zeiten und Themen ihres Lebens
Band 3 Eduard Lorenz Lorenz-Meyer. Ein Hamburger Kaufmann und Künstler
Band 4 Hermann Franz Matthias Mutzenbecher. Ein Hamburger Versicherungsunternehmer
Band 5 Die Brüder Augustus Friedrich und Gustav Adolph Vorwerk. Zwei Hamburger Kaufleute
Band 6 Albert Ballin
Band 7 Ernst Friedrich Sieveking. Erster Präsident des Hanseatischen Oberlandesgerichts
Band 8 Franz Bach. Architekt und Unternehmer
Band 9 Alfred Beit. Hamburger und Diamantenkönig
Band 10 Hermann Blohm. Gründer der Werft Blohm & Voss
Band 11 Gustav Amsinck. Ein Hamburger Großkaufmann in New York
Band 12 Henry P. Newman. Hamburger Großkaufmann und Mäzen
Band 13 Adolph Lewisohn. Kupfermagnat im „Goldenen Zeitalter“
Band 14 Johannes August Lattmann. Sozial und liberal im vordemokratischen Hamburger Senat
Band 15 Heinrich Freiherr von Ohlendorff. Ein Hamburger Kaufmann im Spiegel der Tagebücher seiner Ehefrau Elisabeth
Band 16 Edmund Siemers. Unternehmer und Stifter
Band 17 „Es muß besser werden!“ Aby und Max Warburg im Dialog über Hamburgs geistige Zahlungsfähigkeit
Band 18 Stadt – Mann – Universität: Hamburg, Werner von Melle und ein Jahrhundert-Lebenswerk, Teil 1: Der Mann und die Stadt
Band 19 Julius Carl Ertel. Ein Hamburger Industrieller
Band 21 Georg Hermann Stoltz. Ein Kaufmann zwischen Hamburg und Brasilien

In Vorbereitung sind:

Max Emden. Hamburger Kaufmann, Kaufhaus-Erfinder, Ästhet und Mäzen

Stadt – Mann – Universität: Hamburg, Werner von Melle und ein Jahrhundert-Lebenswerk, Teil 2: Der Mann und die Universität

IMPRESSUM

Bibliografische Information der Deutschen Nationalbibliothek
Die Deutsche Nationalbibliothek verzeichnet diese Publikation in der Deutschen Nationalbibliografie; detaillierte bibliografische Daten sind im Internet über https://portal.dnb.de abrufbar.

Online-Ausgabe
Die Online-Ausgabe dieses Werkes ist eine Open-Access-Publikation und ist auf den Verlagswebseiten frei verfügbar. Die Deutsche Nationalbibliothek hat die Online-Ausgabe archiviert. Diese ist dauerhaft auf dem Archivserver der Deutschen Nationalbibliothek (https://portal.dnb.de/) verfügbar.
DOI 10.15460/HUP.MFW.1.03.193

Printausgabe
ISSN 1864-3248
ISBN 9-783-943423-69-3

Herausgeber: Dr. Ekkehard Nümann
Grundgestaltung: Peter Schmidt Group, Hamburg
Layout: Michael Sauer
Schrift: Adobe Garamond (alle Rechte vorbehalten)
Druck und Bindung: Books on Demand, Norderstedt

Verlag: Hamburg University Press,
Verlag der Staats- und Universitätsbibliothek Hamburg Carl von Ossietzky,
Hamburg (Deutschland)
3., komplett überarbeitete und ergänzte Auflage 2019
https://hup.sub.uni-hamburg.de

HAMBURGISCHE WISSENSCHAFTLICHE STIFTUNG
Edmund-Siemers-Allee 1, Raum 113
20146 Hamburg
https://h-w-s.org